JN412452

큰글씨 주일예배 대표기도문

교회력과 절기에 맞춘 2023-2024

한치호 목사의 다른 책들

큰글씨 능력기도 예배대표기도문, 2023
(개정판) 새벽설교 핵심대지 730, 2022
주기도문으로 기도합니다. 2022
십자가의 길 70일, 2022
심령의 부흥, 읽는기도 91일, 2022
교회를 위한 읽는기도 91일, 2021
교회정착, 새신자 100일 기도문, 2020
헌신 · 절기 · 행사 대표기도문 77, 2019
기도, 처음인데 어떻게 하나요, 2019
잠언으로 자녀를 축복하는 읽는기도1, 2016
대심방 능력기도문, 2016
추모 · 장례 설교와 기도문, 2015
가족을 축복하는 읽는기도 100일, 2015

큰글씨 주일예배 대표기도문

교회력과 절기에 맞춘 2023 - 2024

1판 인쇄일_ 2023년 8월 20일
1쇄 발행일_ 2023년 8월 25일

지은이_ 한치호
펴낸이_ 한치호
펴낸곳_ 종려가지
등록_ 제311 - 2014000013호(2014.3.21.)
주소_ 서울특별시 은평구 은평로14길 9 - 5
전화_ 02)359.9657
디자인 내지_구본일
디자인 표지_이순옥
제작대행_세줄기획(02.2265.3749)
영업대행_두돌비(02.964.6993)

©2023, 한치호

값 7.000원

ISBN 979-11-90968-66-9

문서사역에 대한 질문은 모바일 010. 3738. 5307로 해주십시오.

큰글씨 주일예배 대표기도문

교회력과 절기에 맞춘 2023-2024

한치호 목사 기도

문서사역
|종|려|가|지|

차례

2023년

2024년

23-24년은 주일이 53회로 9월 5주분은
지면이 모자라 수록하지 못하였습니다.

(2023) 10월 **1**주, **1**일, 국군의날, ㊋ - 개천절

성전에 계신 여호와께 나왔습니다, 하나님.

감사와 찬양, 저희들에게 복된 날을 허락해 주셔서 아침부터 종일을 하나님을 찬양하며 예배하게 하시니 감사합니다. 갈보리의 십자가에서 흘리신 보혈의 영광을 주 하나님께 드리게 하시옵소서. 이 구별된 주일에 주의 사랑과 은혜를 사모하는 이들에게 풍성한 은혜를 내려주시옵소서.

회개와 용서, 저희들에게 처음 사랑으로 돌아가게 하시옵소서. 주님의 사랑, 십자가의 사랑을 확증하도록 성령님으로 새롭게 하시옵소서. 사랑하는 ○○의 지체들이 자기 자신과 이웃을 향하여 사랑의 시각으로 볼 수 있도록 하시옵소서. 주님의 사람들로 살아가게 하여 주시옵소서.

예배의 기도, "여호와는 나의 목자시니 내게 부족함이 없으리로다." (시 23:1) 하나님께서 열어주신 예배의 시간, 영과 진리의 예배로 인도해 주실 것을 믿습니다. 새해를 맞이하며 여러 가지의 일들을 계획하고, 또한 바랄지라도 예배하는 삶으로 삼아 지내게 하시옵소서. 하나님께서 경배를 이끌어 주심을 누리게 하시옵소서.

오늘의간구, 국군의 날을 지키는 저희들에게 나라를 위하여 간구하게 하시옵소서. 우리 국민에게 국방의 의무를 거룩하게 여기게 하시니 감사합니다. 우리나라, 대한민국의 역사에는 자신의 목숨을 조국을 위하여 한 줌의 제물이 된 이들이 있었습니다. 나라가 위태로운 지경에 빠졌을 때, 그들의 자신을 희생함은 하나님의 사랑이라 여깁니다. 그들의 애국정신이 저희들의 것이 되게 하시옵소서. 그 숭고한 희생으로 오늘이 우리가 있으니, 이제는 그들의 유가족을 돌아보게 하시옵소서..

나라와사회, 대한민국을 세워 주시고, 이 나라를 지켜주시는 하나님이십니다. 오늘, 국군의 날에 즈음해서 우리나라를 볼 때, 하나님께서 보호하시고, 지켜주셨다고 확인하게 됩니다, 그럼에도 우리 백성 중에는, 하나님의 은혜를 외면해 가면서 하나님을 배역하는 일들이 횡행하고 있음을 안타까워합니다. 우상을 따르는 이들이 하나님께로 돌아서게 하시고, 부도덕에 빠진 이들이 돌아서게 하시옵소서. 자신을 위하여 나라를 위하여 하나님께로 돌아오게 하시옵소서. 죄악에 빠져 있는 백성을 구원해주시옵소서.

지교회공동체, ○○교회가 하나님 앞에서 바로 세워지기를 소원하게 하시니 감사드립니다. 교회를 바르게 하는 영이 저희들에게 충만하게 하시옵소서. 하나님을 영화롭게 해드리는 교회, 또한 지사에서 나라와 백성을 위하여 기도하는 교회로 이끌어 주시옵소서. 주님의 교회가 그리스도의 장성한 분량에 이르는 성장으로 인도해 주시옵소서. 마음과 생각을 하나님의 인도에 집중하게 하시옵소서.

예배의순서, 말씀을 전하시는 목사님을 주님께서 귀하게 쓰시는 종으로 삼아 주시기 원합니다. 설교를 통해서 저희들의 심령을 새롭게 하시옵소서. 그 말씀에 회개의 영이 임하여 여호와 앞에서 우는 것을 경험하게 하시옵소서. 성가대원들은 찬양을 위하여 구별된 은혜에 감격하여 하나님의 하나님이 되심을 선포하게 하시옵소서. 저희들의 회중에서 주를 찬송하는 은혜의 한 시간이기를 빕니다. 이 찬양이 실망과 근심으로 좌절에 빠진 사람들에게 용기를 갖게 하시옵소서. 예배의 진행을 돕고, 성도들의 편의를 위하여 봉사하는 지체들의 헌신을 받아주시옵소서. 하늘의 하나님을 경외하는 저희들에게 예배위원들과 함께 영과 진리로 나아가게 하시옵소서.

결단의간구, 오늘, 저희들을 위하여 희생 제물이 되신 예수님을 찬양합니다. 그리스도의 보혈로 씻음을 받았으니 주님 앞에서 살아가도록 인도해 주시옵소서. 온 땅이 주의 이름을 찬양하고 있으니, 저희들은 하나님이 받으시기에 마땅한 경배를 드리게 하시옵소서. 예배하는 저희들의 심령을 새롭게 해 주시는 복된 순간이 되게 하시옵소서. 하나님 앞에서 천국백성의 삶을 살겠다고 결단하게 하시옵소서.

예수님의 이름으로 기도드립니다. 아멘

예배를 기뻐하게 하셨습니다, 하나님.

감사와 찬양, 야곱을 따라서 그의 하나님을 영원히 선포하며 찬양을 드리는 OO의 권속으로 삼아주시옵소서. 오늘, 거룩한 아침에, 새 노래로 여호와께 노래하며, 성도의 모임 가운데서 찬양을 드리는 OO의 지체를 받아주시옵소서. 영광중에 즐거워하는 한 시간이기를 빕니다. 흩어져 살던 저희들이 한 목소리로 하나님께 나아가게 하시옵소서.

회개와 용서, 수많은 사람들 가운데 하나님의 자녀로 선택을 받았는데, 그 은혜를 잊고 지냈던 지난 시간의 행실을 회개합니다. 하나님 앞에서 살지 못하고, 자신의 생각에 갇혀서 지냈음을 회개합니다. 생각이나 말, 행동으로 여호와에게서 떠났던 죄를 용서해 주시옵소서.

예배의 기도, 만물이 하나님을 예배하는 이 시간에, OO의 권속을 모이도록 해주셨습니다. 지난 한 주간 동안에, OO의 지체들은 하나님의 나라가 이 땅에서 이루어지도록 지내왔습니다. 코로나 19 감염병의 고통을 겪고 이 땅을 위하여 기도해오게 하심에 감사합니다. 이 사태로 저희들은 힘들지만 하나님께 영광을 드리는 시간으로 삼아주시옵소서.

오늘의 간구, 저희들이 살고 있는 ○○지역과 곳곳에서 영적으로 죽어가는 이들을 보게 하시옵소서. 죄와 저주의 사슬에 매여 신음하고 있는 불신자들의 안타까움을 보게 하시옵소서. 하나님께서 구원하시려고 작정하신 영혼들을 찾게 하시옵소서. 그들을 구하시려는 하나님의 마음을 알게 하시옵소서.

나라와 사회, 나라를 위하여 간구하게 하시니 감사드립니다. 이 나라를 지켜 주시고, 저희들에게 기도하는 애국의 정신을 갖게 하시옵소서. 아담을 에덴에서 살게 하셨듯이 저희들에게는 이 땅에서 살게 하셨음을 믿습니다. 이 나라와 백성들이 하나님을 즐거워하고, 여호와의 인도하심을 소망하게 하시기를 원합니다. 우리나라가 '예수 한국'이 되도록 복음화가 이루어지게 하시옵소서.

지교회공동체, ○○교회를 이루는 모든 이들이 한 마음, 예수님의 마음을 품어, 하나님의 영광을 드러내는 지체가 되게 하시옵소서. 세상에 계실 때, 하나님과 하나 되시고자 기도하신 주님을 본받기 원합니다. 나아가 아무 일에든지 다툼이나 허영으로 하지 않도록 성령께서 인도하시옵소서. 한글날을 맞이하면서, 한글로 말미암아 복음을 받고, 믿음으로 지내게 하셨음에 감사하게 하시옵소서.

예배의순서, ○○의 강단에서 생명의 말씀이 선포되게 기름을 부어 주시옵소서. 잠들어 있는 자들에게는 깨움이, 죽어있는 자들에게는 살리는 메시지를 경험하기 원합니다.
성가대를 구별하여 세워, 하나님께 찬양을 드리도록 하셨습니다. 하나님을 영화롭게 해드리도록 성가대를 세워주셨으니 그들에게 기름을 부어주시옵소서. 성가대원들이 하나님께서 받으실 노래를 드리도록 하시옵소서.
하나님께 참 예배가 되도록 진행되는 순서 하나, 하나에 몸을 드리는 저희들이기를 빕니다. 예배를 위하여 부름을 받은 사역자들이 겸손한 마음으로 헌신하게 하시옵소서.

역경의시련, 역경에 처한 이들이 있습니다. 위기의 상황으로 내몰리게 된 이들에게 하나님의 불쌍히 여기심을 보여 주시옵소서. 빈궁함의 경제적으로 고통을 당하는 이들을 불쌍히 여겨주시며, 다니던 직장이 문을 닫아 살아가는 것이 막막해진 이들에게 소망을 갖게 하시옵소서. 어떤 환경에서도 하나님의 손길을 기다리게 해주시옵소서.

예수님의 이름으로 기도드립니다. 아멘

10월 3주, 15일

큰 영광중에 계시니 노래합니다. 하나님.

감사와찬양, 죄악에서 건져주시고, 주님의 백성으로 삼아주신 지체들이 여호와 앞에 나왔습니다. 십자가에서 흘려주신 보혈로 죄 씻음을 받았음에 감사하면서 예배하려 합니다. 마음으로 무릎을 꿇고, 경배하는 저희들을 받아주시옵소서. ○○의 성도들이 영과 진리로 예배하도록 은혜를 이끌어 주시옵소서. 거룩한 날을 지킬 수 있게 하셨으니, 복 되게 하시옵소서.

회개와용서, 저희들 자신을 돌아볼 때는 아무리 생각해도 은혜를 받을 만한 존재가 못 된다는 것을 고백합니다. 하나님의 은혜로 살아가고 있음에도 저희들의 행위는 하나님께 드릴만한 것이 못되었습니다. 용서해 주시옵소서. 저희들을 향하신 하나님의 자비가 저희들에게 넘치도록 은혜를 주셨음에 감사드립니다. 그러함에도 여전히 죄 가운데 있는 저희들을 불쌍히 여겨 주시옵소서.

예배의기도, 만물이 하나님을 예배하는 이 시간에, 주님의 이름으로 모였습니다. 주님의 크신 이름을 높여드리게 하시옵소서. 여기에 모인 저희들을 주님의 백성으로 삼으셔서 영광을 받아

주시옵소서. 주 하나님의 그 크신 팔로 감싸 안아 주시는 은혜를 기억하며 예배할 때, 영광을 받아주시옵소서.

오늘의 간구, 많은 이들 가운데 ○○교회의 성도들에게 세상의 사람들을 향하여 마음이 열리게 하시니 감사드립니다. 믿음의 눈으로 세계의 모든 사람들을 보게 하시니 감사드립니다. 이 마음은 성령께서 주신 것인 줄 믿으니 그들을 가슴에 품고 기도하도록 이끌어 주시옵소서.

나라와 사회, 민족을 보호하시는 하나님, 외세의 침략이 많았고, 민족적으로도 부침이 많았던 이 나라를 불쌍히 여겨 주시옵소서. 하나님의 은혜로 지구상에서 부강하고 굳건히 세워지는 나라가 되게 하시옵소서. 하나님의 공의가 강물처럼 흐르는 사회가 되어 모든 이들이 하나님을 두려워하게 해주시기를 원합니다. 대한민국을 하나님을 경외하는 국가로 세워주셔서 강하게 하시옵소서.

지교회공동체, 저희들이 교회에서 일꾼이 됨은 섬기라 하심인줄로 믿습니다. 사랑하는 종들을 교회를 섬기는 자, 교회를 위해 봉사하는 자로 세워주시옵소서. 오늘, 저희들을 성령님께로 충만하게 하시옵소서. 성령과 지혜가 충만하여 칭찬 받는 사람에게 일을 맡겼던 사실을 기억합니다. 주님의 일을 인간적인 힘과 능력, 지혜로가 아니라 성령님께의 충만하심으로 감당하게 하시옵소서.

예배의순서, ○○교회와 양떼를 위하여 목사님을 보내주셨음에 감사합니다. 목사님께서 들려주시는 말씀을 받아 그 말씀을 지켜서 하나님의 사랑이 풍성하게 되는 삶을 누리게 하시옵소서.

이 시간에도 성가대원들이 찬양을 준비했습니다. 사랑하는 종들이 찬양을 위하여 자기 자신을 구별하고 오늘, 세워졌습니다. 찬송의 노래와 함께 성가대원들을 받아 주시옵소서.

오늘도 여러 종들을 세우셔서 예배의 순서를 담당하게 하셨으니 부름을 받은 종들에게 성령님의 은혜로 감당하게 하시옵소서.

전도와구원, ○○의 권속에게 하나님을 아버지로 부르게 하신 은혜에 대한 감격이 풍성하게 하시옵소서. 주님으로 말미암아 하나님을 우리의 아버지로 부르게 하셨음을 잊지 않게 하시며, 하늘 아버지로 인하여 기뻐하게 하시옵소서. 오늘도 하나님께서는 멸망에 이르는 자들을 구원하시기를 원하시는 줄로 믿습니다. 구원의 은혜로 멸망에 이르는 자에게 복음을 전하여 아버지를 섬기게 하시옵소서. 하나님께서 아버지가 되어주심을 불신자들에게 전하게 하시옵소서.

예수님의 이름으로 기도드립니다. 아멘

10월 4주, 22일, 화 - 상강

마음을 열어 예배합니다, 하나님.

감사와찬양, "너희는 시온에 계신 여호와를 찬송하며 그의 행사를 백성 중에 선포할지어다." 아멘. 지금, 하늘에서 여호와를 찬양하며, 높은 데서 찬양을 하는 소리가 들려옵니다. ○○의 지체를 이곳에 모이게 하셨으니 여호와께 찬양을 드리게 하시옵소서. 이로써 하늘에서와 같이 땅에서도 우리 하나님의 이름이 높임을 받게 하시옵소서.

회개와용서, 하나님께서 주신 평안을 잃고, 두려움으로 지내왔던 지난 시간을 회개합니다. 저희 자신의 내면에 화평이 없기에 어디에서나 기쁨이 없었음을 솔직히 고백합니다. 저희들의 심령을 회복시켜 주시옵소서. 하나님의 자녀 된 신분으로 다시 세워주시옵소서.

예배의기도, 이 시간에, 믿음으로 드리는 예배로 이끌어 주시기를 원합니다. 저희들의 기도와 찬송이 하늘의 하나님께 합당한 영광이 되게 하시옵소서. 잎사귀가 마르지 않게 하신 은혜에 감격하여 그 받은 귀한 선물을 다 주님께 바치기를 소망합니다. 이 예배를 위하여 여러 사람들이 일꾼으로 부름을 받았으니 그들 자신이 제물이 되게 하시옵소서.

오늘의 간구, 저희들의 나아가는 걸음을 힘차게 하셔서 죄를 멀리하고, 마귀의 유혹을 물리치며, 자신과 싸워서 이기는 오늘이 되게 하시옵소서. ○○교회의 권속은 어디에서, 무엇을 하든지 십자가의 군사가 되게 이끌어 주시옵소서. 예수 이름으로 믿음과 소망 그리고 사랑으로 살게 하시옵소서. 하나님의 사랑으로 완성되는 삶이기를 원합니다. 이로써 개혁의 걸음을 이어가게 하시옵소서.

나라와 사회, 이 나라를 위해서 봉사하는 위정자들을 위하여 간구합니다. 위정자들이 여호와 앞에서 하나님의 손길을 대신하여 이 사회를 이끌어 나가게 하시옵소서. 나라와 국민들을 위한 정치에 전념하게 하시옵소서. 자신의 이익과 행복보다는 국민들을 위한 봉사자로 정치에 임하게 하시기를 원합니다. 위정자들에게 나라와 백성에게 봉사하는 사명감으로 뜨겁게 하시옵소서.

지교회공동체, 하나님 앞에서 교회가 확장되는 하나님의 나라를 경험하기를 원합니다. 저희들 모두에게 하나님의 나라에서 주체가 되어 봉사하게 하시옵소서. 그리하여 교회로 모일 교회 밖의 사람들에게 관심을 갖게 하시옵소서. 세상으로 흩어질 때는 주님께서 구원하시기를 원하시는 사람들에게로 마음을 열어 주시옵소서.

예배의순서, ○○의 강단에서 선포되는 진리의 말씀에 하나님은 영광을 받으시고, 저희들은 더욱 겸손히 무릎을 꿇게 하시옵소서. 목사님께서 대언하시는 하나님의 말씀이 한 말씀도 땅에 떨어지지 않고 성도들의 마음 밭에 새겨져 열매를 맺게 하시옵소서.

하나님께 찬양을 드리도록 하셨습니다. 예배 중에 하나님을 영화롭게 해드리도록 성가대를 세워주셨으니 그들에게 기름을 부어주시옵소서. 성가대원들이 하나님께서 받으실 목소리를 내게 하시옵소서.

예배가 거룩하게 진행되도록 여러 일꾼들을 세워 주셨습니다. 예배의 순서를 맡은 종들과 주일을 성수하는 교회를 위하여 봉사하는 일꾼들에게도 감격함으로 섬기게 하시옵소서.

연약한지체, 우리 지체 중에 연약한 이들을 불쌍히 여겨 주시옵소서. 예수님께서 온 갈릴리에 두루 다니사 백성 중의 모든 병과 모든 약한 것을 고치셨던 은혜가 오늘, 병들어 고통 중에 신음하는 내 형제와 자매들에게 임하여, 치료의 광선을 쪼여 주시옵소서. 그들을 고통스럽게 하는 질병에서 놓여나게 하시옵소서. 다음 주일에는 우리와 함께 교회를 이루어 주일을 성수하게 하시옵소서.

예수님의 이름으로 기도드립니다. 아멘

10월 5주, 29일

종교개혁기념주일로 지킵니다, 하나님.

감사와찬양, 세상 속에서 저희들을 구별해 주시니 감사합니다. 오늘, 주님의 날에는 선배 신앙인들의 헌신과 수고로 열매를 맺은 종교개혁에 감사하면서 예배로 나온 지체들, 마음으로 무릎을 꿇었습니다. 영광과 권능을 여호와께 돌리는 예배의 한 시간으로 삼아주시옵소서. 머리 숙인 성도들에게 바른 신앙 자세로 하나님을 사랑하게 하시옵소서.

회개와용서, 지난 한 주간 동안에도, 하늘로부터 받은 은혜 많사오나 구별된 삶을 살지 못했음을 고백합니다. 저희들이 거절하고 등을 돌렸던 세상으로 나가서 세상의 것들에 마음을 주고 지냈습니다. 용서해 주시옵소서. 생각으로는 주님을 찾았으나 마음으로는 주님을 등지고, 세상에 어울렸습니다. 그러다보니 십자가의 생활을 실천하지 못하였으니 죄를 용서해 주시옵소서.

예배의기도, 이 시간에, 하나님을 예배하도록 부르심을 받은 지체들이 무릎을 꿇었습니다. 영과 진리로 예배할 때, 진행이 되는 순서에 따라 홀로 하나님께 영광이 드려지게 하시옵소서. 순서를 섬기는 종들은 예배의 청지기로서 감격과 감사함으로 수종을 들게 하시옵소서. 개혁의 시간을 주셨던 하나님을 영화롭게 해드리는 저희들이 되게 하시옵소서.

오늘의간구, 세상이 달라지기를 바라기 전에 내 자신이 달라질 수 있으며, 자기 개혁을 먼저 이루게 하시옵소서. 하나님께서 나와 함께 하시는 확실한 믿음을 가짐에 도전하게 하시옵소서. 종교개혁자의 위대한 믿음의 유산을 따라서 용기 있는 그런 생으로 승리하기를 사모하게 하시옵소서. 하나님께 인정을 받는 개혁의 신앙을 갖게 하시옵소서.

나라와사회, 북녘의 동포들을 불쌍히 여겨주시어 남북이 하루빨리 통일되어 동토의 땅에도 십자가를 세워주시옵소서. 무너진 성전이 수축 될 수 있는 날이 속히 오기를 간절히 기도드립니다. 어둔 세상 지하에서 오늘도 굶주리며, 오직 예수님만을 붙잡고 기도하는 그들에게 긍휼과 자비를 부어주시어 위로와 소망을 가지고 살아가게 하시옵소서.

지교회공동체, 종교개혁을 기념하여 지키는 이 날에 ○○의 지체에게 하나님 앞에서 자기를 바로 하려는 결단을 하게 하시옵소서. 이미 굳어져버린 비성경적인 신앙 자세는 버리게 하시옵소서. 하나님께 드려질 수 없는 믿음의 모습을 보게 하시고, 하나님께 드려지기에 부족하지 않은 삶이 되게 하시옵소서. 날마다 자신을 돌아보아 개혁하는 저희들이 되게 하시옵소서.

예배의순서, 목사님께서 전해주실 하나님의 말씀에 기름을 부어주시옵소서. 목사님의 입술을 성령님께서 주관하셔서 이 백성들이 하나님의 말씀을 듣게 하시옵소서.

○○ 성가대원들이 신령과 진정의 예배와 수준 있는 음악으로 어우러진 최상의 찬양을 드리기를 소망합니다. 찬양으로 말미암아 하나님을 영화롭게 해드릴 때, 받으심이 되게 하시옵소서.

예배를 위하여 여러 사람들이 일꾼으로 부름을 받았으니 그들 자신이 제물이 되게 하시옵소서. 하나님께 쓰임에 감사하면서 최선의 봉사로 섬기는 종들로 삼아주시옵소서.

십자가은혜, 십자가에서 이루어진 주님의 새 생명을 받게 하셨습니다. 십자가로 말미암아 예수님의 죽으심에 연합하고, 예수님의 부활에 연합하여 새 생명을 가졌음에 감사드립니다. 하나님께서 예수님을 살리셨으니 우리들도 하나님 앞에서 산 자가 되었음을 확신하게 하시옵소서. 주님께서 주신 십자가를 찬양하며 지내게 하시옵소서.

예수님의 이름으로 기도드립니다. 아멘

11월 1주, 5일, 수 - 입동

영과 진리로 예배합니다, 하나님.

감사와찬양, 저희들 각자가 경건에 주목하는 생활을 하다가 주일로 모였으니 하늘에 영광을 드리게 하시옵소서. 아울러 은혜를 기다리는 저희들에게 위로가 있기를 원합니다. 주님의 십자가를 통해서 소망을 주시는 손길을 바라보게 하시옵소서. 저희들의 손을 금하여 모든 악을 행하지 아니하려 하니 복 된 예배로 인도해 주시옵소서.

회개와용서, 하나님의 뜻을 구하는데 게을렀던 삶을 고백합니다. 기도에 힘을 쓰되, 하나님의 뜻이 이 땅에서 이루어지도록 간구했어야 하였으나 부족했던 죄를 용서해 주시옵소서. 안목의 정욕과 이생의 자랑이 주는 유혹을 거절하지 못 하고 지낸 죄를 고백합니다. 주님께서 흘리신 보혈로 저희들의 심령을 깨끗하게 하시옵소서.

예배의 기도, 저희들에게 하늘에 시민권을 둔 백성으로 살아가는 것을 즐거워하면서 예배하게 하시옵소서. 예배의 순서가 진행될 때, 하나님의 영광이 만방에 선포되기를 빕니다. 오늘도 여러 사람들이 교회와 예배를 섬기기 위해서 맡겨진 역할로 봉사합니다. 그들이 여호와께 바쳐질 제물이 되게 하시옵소서.

오늘의간구, 하나님은 우리 민족, 대한민국에 소망이 되어 주신다고 믿습니다. 여호와께서 주신 이 땅, 이 민족 한국이 사는 길은 의인들의 수가 많아지는 데 있는 줄 알게 하시옵소서. 지난날의 대립과 갈등, 반목과 무시에 대하여 누구의 탓을 하지 말고, 하나님 앞에서 새롭게 살려는 다짐이 이 민족에게 부흥의 불길처럼 번지도록 인도해 주시옵소서.

나라와사회, 우리 한 사람 한 사람이 이 사회 속에서 각자가 맡은 책임을 다하는 성실한 대한민국의 국민이 되기를 원합니다. 가족에 대한 책임을 다하고, 직장에 대한 책임을 다하고, 이웃에 대한 책임을 다하고, 국가에 대한 책임을 다하는 충성스러운 우리들이 되게 하시고 그것이 곧 하나님께 책임을 다하는 것임을 잊지 않게 하여 주시옵소서.

지교회공동체, 우리 ○○교회의 권속들에게 교회성장을 꿈꾸게 하시고, 기도하게 하신 하나님을 찬양합니다. 지금, 저희들 자신만으로는 성장을 이룰 만한 아무런 조건도 없음을 고백합니다. 그러나 하나님께서 하시면 교회의 성장이 이루어짐을 믿습니다. 교회성장에 대한 생각을 믿음으로 바꿔 주시옵소서. 하나님을 영화롭게 해드리며 교회가 이 땅에서 사명을 감당하는 일에 섬기고, 봉사하여 성장이라는 열매를 맺게 하시옵소서.

예배의 순서, 담임 목사님을 붙드셔서 ○○교회의 권속에게 말씀을 전하게 하시옵소서. 오늘의 말씀이 저희들의 심령을 새롭게 하여 뭇 사람들에게 복음을 전하겠다는 결단이 되게 하시옵소서.

○○성가대의 아름다운 찬양이 있는 예배로 하나님께 영광을 돌리게 되며 찬송의 능력을 체험하게 하시옵소서. 이 자리를 하나님의 영광으로 가득하게 하시옵소서.

저희들이 경건을 다해 예배하는 동안에 몸을 다 드려서 섬기는 이들이 있음에 즐거워하며 그들을 축복합니다.

결단의 간구, 하나님께서는 지난 한 주간 동안에도 저희들을 능하게 하셨습니다. 때로는 유혹에 밀려 넘어지기도 하였으나 곧 일어서게 하셨음에 감사드립니다. 우리 주님의 성호를 높이 들어 예배하는 저희들을 성령님으로 충만하게 하시옵소서. 주님께로부터 보내심을 받은 이 땅에서 사탄을 무찌르며 십자가의 군병답게 살기를 결단하게 하시옵소서. 입동, 곧 추위가 다가옵니다. 예수 정신으로 이웃을 돌아보는 저희들이 되게 하시옵소서.

예수님의 이름으로 기도드립니다. 아멘

11월 2주, 12일

돌보시는 아버지께로 나왔습니다, 하나님.

감사와 찬양, "아버지께 참되게 예배하는 자들은 영과 진리로 예배할 때가 오나니"라고 하셨습니다. 여기에 모인 이들을 거룩하게 하시옵소서. 여호와 앞에서 잠잠하여 주님의 이름을 높여드리게 하시옵소서. 하나님께서 거룩하게 하신 이 날을 저희들도 거룩하게 지키기 원합니다. 그리하여 마음을 다하고, 뜻을 다하여 예배하기 원합니다.

회개와 용서, 하나님께 좋아야 될 저희들이었지만 지금의 모습은 그렇지 못합니다. 저희들의 지난 한 주간 동안은 결코 아름답지 못하였음을 회개하게 하시옵소서. 회개의 영으로 인도하셔서 육신이 연약하고 믿음이 부족하다는 핑계로 주님의 말씀대로 살지 못하였음을 고백하게 하시옵소서. 지금, 저희들이 죄를 고백할 때 용서해 주시옵소서.

예배의 기도, ○○의 지체들이 예배의 순서를 따를 때, 열납되기를 빕니다. 하나님의 거룩하심과 그 영광에 합당하게 순서를 따르게 하시옵소서. 순서를 담당하여 섬기는 종들에게는 성령으로 충만하게 하시옵소서. 저희들이 선택되었을 때, 자원하는 심령을 주셨으니 감사함으로 봉사하게 하시옵소서.

오늘의간구, 죄인들을 옳은 데로 돌아오도록 하는 생명의 복음을 전하는 저희들, 그리고 교회가 되게 하시옵소서. 부활하신 주님의 신앙으로 무장되어서 각 사람에게 주어진 사명을 기쁨으로 감당케 하시옵소서. 저희들 각 사람이 아름다운 기업으로 주신 삶의 자리에서 주님의 빛이 되고, 주님의 손길이 되게 하시옵소서. 주님의 명령에 따라 믿음으로 봉사하게 하시옵소서.

나라와사회, 하나님께서 사랑하시는 나라, 여호와의 손으로 만져주시는 나라로 대한민국에 복을 내려 주시옵소서. 우리나라에 속한 모든 이들이 범사가 잘 되고 강건하여 하나님께 영광을 드리게 하시옵소서. 하나님께서 사랑해 주시는 나라, 하나님께서 위해주시는 나라의 백성들이 하나님을 즐거워하고, 여호와의 인도하심을 소망하게 하시옵소서.

지교회공동체, 우리 교회에 속한 권속을 위하여 간구합니다. 예배를 통해서 가정마다 은혜의 강물이 흘러가게 하시옵소서. 성전에서 흘러나오는 생수의 역사가 가정마다 흘러서 한해의 지표를 삼게 하시기 원합니다. 그래서 더욱더 믿음 안에서 굳건히 세워지는 권속이 되어 우리 모두 믿음의 역사를 이어가기를 원합니다.

예배의순서, 오늘, 하나님의 말씀을 들려주시려고 목사님을 세워주셨습니다. 강단에서 진리로 이끄실 목사님께 성령님과 지혜에 충만케 하셔서 하나님의 말씀으로 흥왕함을 보게 하시옵소서. 찬양으로 하나님의 위대하심을 선포하는 성가대원들을 세워 주셨습니다. 부름을 받은 종들이 하나님을 영화롭게 해드리는 음악으로 어우러진 최상의 찬양을 드리기를 소망합니다.
이 시간에도, 한 시간의 예배를 위해 여러 모양으로 봉사를 하는 종들에게 복을 내려 주시옵소서.

역경의시련, 우리 지체 중에는 가능성이 있음에도 불구하고, 아무것도 할 수 없다는 근심에 갇혀 있음을 불쌍히 여기시옵소서. 우리는 누구든지 하나님 앞에서 자기 인생의 삶을 살아가도록 허락을 받은 줄로 믿습니다. 그러니 지금, 실망과 좌절로 고통스러워한다면 낙심이라는 사탄이 놓은 덫에서 나오게 하시옵소서. 하나님께서 원하시면 주 안에서 무엇이든지 이룰 수 있다는 믿음을 갖게 해주시기를 빕니다. ○○의 지체 모두는 승리하신 주님을 바라보게 하시옵소서.

예수님의 이름으로 기도드립니다. 아멘

11월 3주, 19일, 추수감사절, ㊌ - 소설

추수감사절을 맞이했습니다, 하나님.

감사와 찬양, 오늘, 거룩한 시간에 추수감사절 예배로 나아갑니다. 이 백성을 향하신 여호와의 긍휼로 예배하게 하셨음에 감사드립니다. 여기에 모인 지체들이 마음으로, 정성으로 하나님만을 경배하는 예배가 되게 하시옵소서. 이 한 시간의 예배에 ○○의 공동체가 축제를 즐기게 하시며, 종일을 여호와 앞에서 청지기로 지내게 하시옵소서.

회개와 용서, 하나님께 감사의 제단을 마련하고, 정성과 뜻을 모으려 하는데, 저희들의 마음이 지금, 어디에 있는지 알 수 없습니다. 용서해 주시옵소서. 감사를 새기는 진정한 자세가 되지 못하고 있음을 고백합니다. 마음으로는 하나님을 사랑하고 감사하는 마음이 넘치기를 원하지만 그렇지 못함을 회개합니다.

예배의 기도, 감사절의 예배를 기다리는 지체들을 축복합니다. ○○교회와 이 거룩한 공동체에 속한 지체들이 한 해 동안의 생활 속에서 베풀어 주신 복을 누리게 하시옵소서. 때마다, 일마다 간섭하시고 가장 좋은 것으로 만족하게 하신 은혜로 감사의 삶을 살게 하시옵소서. 창성하게 하셨음에 감사하여 머리를 숙입니다.

오늘의 간구, 여호와의 은혜로 시작한 한 해의 삶이 어느덧 다 지나고 저희들의 손에는 풍성한 수확물이 들려졌음에 감사드립니다. 땅은 기름지고, 골짜기마다 비가 내려 농부가 소산물의 즐거움을 누리듯이, 저희들에게도 거두게 하심에 따라 감사하는 무릎을 꿇었습니다. 추수감사절의 풍성함을 이웃들과도 나누게 하시옵소서.

나라와 사회, 오늘, 거룩한 시간에 위정자들을 위하여 간구합니다. 정치인들이 나라와 국민을 위하여 봉사하도록 부름을 받았음을 잊지 않게 하시옵소서. 나라와 국민들을 위하여 헌신하려는 마음과 생각에 복을 내려주시옵소서. 저들이 하나님을 두려워하게 하시옵소서. 자신의 이익과 행복보다는 국민을 위한 봉사자로 정치에 임하게 하시옵소서.

지교회 공동체, 우리 교회에, 회개의 영을 부어주시옵소서. 우리나라를 사랑하시는 하나님의 마음을 아는 것과 나라를 위한 기도에 저희들이 부족했음을 회개합니다. 악하고 음란한 세력의 종이 되어 그 멍에를 메고 있는 이 백성을 위하여 기도를 하지 못했음을 주님의 피로 용서해 주시옵소서.

예배의 순서, 저희들의 심령이 목이 마른 사슴과 같이 되기를 원합니다. 목사님께서 말씀을 전해주실 때, 생수를 마심이 되게 하시옵소서.

○○ 성가대원들이 하나님을 찬양할 때, 이 예배당이 천상의 자리가 되기를 원합니다. 그들이 하나님께 바치는 심정으로 아름다운 목소리를 드리게 하시며, 곡조가 붙은 기도가 되게 하시옵소서.

예배를 돕기 위하여 일꾼들을 세워주셨습니다. 예배 안내자들, 헌금위원들 모두에게 새로움의 은혜를 주시옵소서. 그들을 먼저 예배에 도구로 삼아 주시옵소서.

전도와구원, 추수감사절의 풍요를 즐거워하는 저희들에게 예수님을 구주로 영접하지 못한 이들에게로 보내어 주시옵소서. 저희들에게 안겨주신 열매를 들고 이웃에게로 다가가서 하늘의 은혜를 나누게 하시옵소서. 제자 삼음의 비전을 주시고, 전도를 소망하게 하셨으니 성령님의 역사를 보여 주시옵소서. 우리가 주님의 이름으로 교회에 모일 때마다 거듭나는 은혜가 있어서 불신자들이 예수님을 믿어 구원함에 이르는 기쁨을 주시옵소서. 교회를 반대하고, 저희들을 핍박하던 이들이 주님께로 돌아와 천국의 백성이 되게 하시옵소서.

예수님의 이름으로 기도드립니다. 아멘

11월 4주, 26일

하늘에 계심에 경배합니다. 하나님.

감사와 찬양, "오직 큰 능력과 편 팔로 너희를 애굽에서 인도하여 내신 여호와만 경외하여 그를 예배하며 그에게 제사를 드릴 것이며"라고 하셨습니다. 옳습니다. 이 시간에, 하나님께서는 예배를 받으시고, 저희들에게는 예배의 감격에 놀라게 하시기 원합니다. 저희들의 찬송이 하늘에 닿기를 소망합니다. 하늘에 가득한 주님의 영광을 보게 하시옵소서.

회개와 용서, 주님께서 베풀어주신 것들에 감사하지 않고, 거룩하지도 않았던 행실을 용서해 주시옵소서. 여전히 마귀에게 종노릇을 하던 품성에 따라 남을 참소하고, 사납게 행한 죄를 용서해 주시옵소서. 주님의 피로 씻음을 받고, 하나님의 나라를 바라보면서 살아가도록 이끌어 주시옵소서.

예배의 기도, 민족들의 경배를 바라시는 하나님을 사랑합니다. 모든 사람의 마음을 하늘과 땅 위에서 오직 하나인 주님의 가족으로 묶어 주시옵소서. 성령의 힘이 각 사람들에게 나타 내사, 저희들이 주님의 가족이요, 하나님의 나라임을 고백하게 하시옵소서. 대림절기를 맞이함이 저희들에게만 기쁨이 아니라, 만

백성이 즐거워하는 성탄의 계절이 되기를 원하면서 예배에 임하게 하시옵소서.

오늘의간구,. ○○의 성도에게 영광의 계절을 맞이하게 하셨습니다. 하나님의 이름을 부르는 입술이 기뻐서 즐겁게 해주시옵소서. 오직 하나님만이 경배를 받으시옵소서. 저희들의 모든 생각과 정성 그리고 사랑을 모아 예배하기를 원합니다. 주님의 은혜로 부르셔서 그 부르심에 믿음으로 순종하여 나와서 영과 진리로 드리는 예배를 받으시옵소서.

나라와사회, 이 민족이 성민화가 되지 못하였음을 불쌍히 여겨 주시옵소서. 서로를 위하면서 같은 마음, 같은 생각, 같은 뜻으로 지내야 함에도, 우리 민족은 그러하지 못하고 있습니다. 곳곳에서 반목과 갈등으로 위기에 처한 이 땅을 불쌍히 여기사 주님의 용서와 사랑이 넘치도록 도와주시옵소서. 복음으로 한 민족을 세워가게 하시고, 생명을 소성케 해주시옵소서.

지교회공동체, 이제, 저희들은 거룩한 시간에 천국의 자녀 됨을 풍성히 누리면서 하나님과의 인격적인 만남을 경험하는 복을 누리게 하시옵소서. 하나님의 나라를 위하여 일을 맡겨 주셨음을 믿습니다. '소원을 두고 행하게 하시나니' 라고 약속하셨으니, 이 약속이 저희들에도 이루어져서, 인생의 소원을 품기 원합니다.

예배의 순서, 목사님을 단에 세우셨음에 감사드립니다. 그의 입술을 성령님께서 주관하셔서 이 자리에 무릎을 꿇은 심령들마다 말씀을 듣게 하시옵소서. 성령의 날선 검의 말씀으로 죄악이 드러나게 하시고 회개하게 하시옵소서.

○○ 성가대원들이 신령과 진정의 기도가 표현된 찬양으로 최상의 영광을 드리기를 소망합니다. 성가대원들이 몸을 드리는 아름다움으로 예배를 더욱 영화롭게 하시옵소서. 함께 한 저희들도 화답하는 심정으로 여호와의 임재를 바라보게 하시옵소서.

오늘도 예배의 진행을 돕는 손길들에게 은혜를 더하여 주시옵소서.

연약한 지체, 오늘, 질병으로 말미암아 눈물을 흘리고 있는 이들을 기억합니다. 대림절의 은총이 육신적으로 고통을 겪고 있는 이들에게 임하기를 원합니다. 여호와께서 그들의 간구함을 들으시고 그들을 고쳐 주시옵소서. 추워지는 시간이 다가오는데, 그들이 질병의 두려움으로 말미암아 낙심하지 말게 하시옵소서. 예전과 같이 건강함을 되찾아 주님의 일에 더욱 정진할 수 있도록 은총을 베풀어 주시옵소서.

예수님의 이름으로 기도드립니다. 아멘

12월 1주, 3일, 대림절 첫째주일, 목 - 대설

대림절을 맞이했습니다, 하나님.

감사와찬양, 주의 성전을 향하여 예배하며 주의 인자하심과 성실하심으로 말미암아 주의 이름에 감사드리는 지체들이 되게 하시옵소서. 오늘은 하나님께서 구별하신 날이니 하나님을 찾는 것에 즐거워하는 은혜를 주시기 원합니다. 한 자리에 모여 예배할 때, 성령님의 감동하심을 나타내시옵소서. 하나님의 다스리심, 기뻐하고 즐거워하게 하시옵소서.

회개와용서, 아기 예수님을 경배하며 예물을 드렸던 이들을 닮아 경배하는 ○○의 지체들로 인도해 주시옵소서. 예배하기에 합당하지 못한 삶을 살아온 죄를 회개합니다. 자기 자신들을 위해서 엿새 동안 살던 생각을 바꾸고, 주님의 피로 말미암은 예복을 입게 하시옵소서. 만왕의 왕으로 오신 주님을 찬양하면서 예배하게 하시옵소서.

예배의 기도, 하나님께는 영광을 선포하고, 주님의 부활을 기뻐하면서 예배하기 위해 모인 권속을 축복합니다. 다시 사심으로써 저희들을 억누르고 있는 절망을 거두어주신 예수님을 즐거워하게 하시옵소서. 이 땅이 아무리 어둠이 심하고, 저희들에게 희망이 보이지 않는다 해도, 전혀 낙심하지 않게 해주셨음에 소망 중에 주님을 바라봅니다.

오늘의간구, 주님의 오심으로 산 길이 열렸음을 기뻐합니다. 아기 예수님의 나심을 통하여 이 땅에 평강의 빛이 생겼습니다. 주님께서는 인간과 하나님과의 평화를 이루셨고, 또한 사람과 사람 사이에 평화를 이루셨습니다. 흑암에 행하던 백성이 큰 빛을 보고 사망의 그늘진 땅에 거하던 자에게 빛이 비추게 된 성탄절을 기다리면서 신령과 진정으로 예배하게 하시옵소서.

나라와사회, 우리나라를 하나님께서 지켜주시니 감사합니다. 이 땅에 여호와의 인자하심이 강물처럼 흘러 남과 북이 분단의 고통을 겪고 있는 민족을 위로해 주시옵소서. 북한에서는 우상화의 정책으로 이미 없어진 예배당이 다시 세워지게 하시옵소서. 한 민족의 한 형제가 손을 잡고 하나님을 경외하는 그날을 보게 해주시옵소서.

지교회공동체, 이 시간에, ○○교회를 부흥시켜 주시고, 구원을 얻을 자들을 모아주시는 성령님의 역사의 나타나는 현장으로 삼아 주시옵소서. 이로써 저주의 길목에서 헤매는 영혼들이 주님께로 돌아오게 하시옵소서. 교회의 성장을 기뻐하시는 하나님의 소원을 이루어 드리는 저희들이 되게 하시옵소서.

예배의순서, 저희들을 사랑하셔서 진리의 식탁으로 이끌어 주시옵소서. 그 말씀으로 저희들은 거듭나게 하시옵소서. 그 말씀이 선포될 때, 주님의 백성들이 하나님께만 거룩함을 나타내게 하시옵소서.

성가대의 찬양을 받으시며 영광을 드리게 하시옵소서. 예배드리는 저희들 모두가 같은 마음으로 찬양하게 해주시옵소서. 성가대원들이 몸을 드리는 아름다움으로 예배를 더욱 영화롭게 하시옵소서.

오늘도 자원하는 심정을 가지고, 자기 자신을 제물로 드리는 심정으로 봉사하는 일꾼들이 있습니다. 맡은 자리에서 예배의 진행을 돕는 손길들에게 은혜를 더하여 주시옵소서.

결단의 간구, 악하고 음란한 이 때, 저희들에게 더욱 부르짖는 간구의 소리가 있게 하시옵소서. ○○교회의 권속들이 성령님의 충만하심을 사모하도록 하시옵소서. 성령님의 역사가 저희들 개인이나 교회에서 기적과 이사로 나타나기를 소원합니다. 120명의 사람들이 약속하신 성령을 받으려고 간절히 기도했던 다락방의 은혜를 보게 하시옵소서.

예수님의 이름으로 기도드립니다. 아멘

12월 2주, 10일, 성서주일

성서주일로 지킵니다, 하나님.

감사와 찬양, 생명의 말씀을 책으로 주신 하나님께 영광을 드립니다. 오늘도 오직 우리 하나님만을 섬기고, 예배하는 고백이 되기 원합니다. 하나님은 참으로 우리가 섬겨 마땅한 주님이십니다. 여호와를 섬기는 성실함으로 예배하기 원합니다. 여호와의 이름을 자랑하는 정직함으로 예배하게 하시옵소서. 오늘은 성경을 주신 하나님께 감사하여 찬송을 드리게 하시옵소서.

회개와 용서, 성서주일에, 저희들의 죄를 고백합니다. 성경을 귀하게 여기는데 소홀했음을 용서해 주시옵소서. 지난 시간 동안에, 성령님께서 감동하실 때마다 오히려 귀찮게 여겼던 죄를 용서해 주시옵소서. 주님의 피로 죄 사함을 받고, 저희들 자신이 성령 안에서 하나님의 거하실 처소가 되는 것을 즐거워하게 하시옵소서. 성령님을 모셔 들이고, 예수 안에서 함께 지어져 가게 하시옵소서.

예배의 기도, 마음으로 손을 높이 들고, 여호와의 이름에 찬송을 드립니다. 말씀으로 저희에게 여호와 하나님을 사랑하도록 권면하시는 하나님을 바라보게 하시옵소서. 오직 그 말씀에 순종하므로 열매를 맺는 저희들의 삶이기를 원합니다. 성령님의 강권하시는 역사로 여호와를 구하는 것에 주목하게 하시고, 하나님께 드려지게 하시옵소서.

오늘의간구, 하나님의 권능으로 이 땅에 성경을 반포하게 하셨음을 감사드립니다. 우리나라에 복음이 전해지면서 영국과 미국 등, 여러 나라의 도움으로 대한성서공회가 세워지게 하셨습니다. 성도들에게 성경을 보다 저렴한 가격으로 보급하고 불신자들을 위해서 전도지와 단편과 같은 전도용 성서를 많이 공급하게 하셨습니다. 이 귀한 일이 우리의 사명이라고 생각합니다. 더욱 이 일에 헌신하게 하시옵소서.

나라와사회, 이 민족의 가슴마다에 그리스도의 계절이 오게 하시옵소서. 십자가에서 흘리신 예수님의 피로 가슴을 적시게 하시고, 이 땅 가득히 주님의 영광이 나타나기를 소망합니다. 이 민족에게 인생의 행복이 주님께 있음을 깨달아 알아 여호와의 도우심을 구하게 하시기를 원합니다.

지교회공동체, ○○교회에 부흥의 복을 주신 여호와의 이름을 찬양합니다. 성령님께서 충만해 교회부흥의 주체가 되어 주시기를 빕니다. 성령님께서 바라시는 대로, 성령님께서 기뻐하시는 교회로 부흥시켜 주시옵소서. ○○의 지체들은 오직 성령님의 인도하심에 따라 봉사하게 하시옵소서.

예배의 순서, ○○의 강단에서 생명의 말씀이 선포되게 기름을 부어 주시옵소서. 지체들이 마음을 겸손히 하여 하나님의 말씀을 기다립니다.
예배를 아름답게 하는 ○○성가대의 귀한 지체들의 찬양을 받아주시옵소서. 이들의 찬양을 통해서 하나님께는 영광이 드려지고, 혹시 찬송의 힘을 잃은 회중들은 힘을 얻기를 원합니다.
지금, 저희들이 예배하는 동안에 예배당의 안팎에서 봉사하는 종들이 있음에 감사드립니다. 귀한 지체들의 섬김으로 그들 자신에게도 은총을 입게 하시옵소서.

역경의 시련, 수은주가 떨어지고, 추위가 견디기를 힘들게 하는데, 안타깝게도 저희들 주변에는 어려움으로 힘들어 하는 이들이 있으니, 그들을 불쌍히 여겨 주시옵소서. 인생의 광풍을 만난 이들에게 함께 하셔서 풍랑을 다스려주시고, 평안케 하시옵소서. 사랑하는 지체들이 어려움을 겪으면서 하나님의 은혜를 소망하게 하시옵소서. 풍랑으로 훈련시키시는 주님의 손을 보게 하시옵소서.

예수님의 이름으로 기도드립니다. 아멘

온 천하 만민이 엎드립니다. 하나님.

감사와찬양, "보좌에서 음성이 나서 이르시되 하나님의 종들 곧 그를 경외하는 너희들아 작은 자나 큰 자나 다 우리 하나님께 찬송하라 하더라."의 은혜로 들어가게 하시옵소서. 여호와의 이름을 찬양하는 삶으로 살아오게 하셨음에 감사드립니다. 오늘, 예배하면서 평생에 하나님을 찬송하겠다는 결단을 하는 ○○의 권속을 복 되게 하시옵소서. 영과 진리로 드리는 예배를 받아주시옵소서.

회개와용서, 땅에 것을 취하는데 마음을 빼앗겨 잃은 자를 찾으시는 하나님의 마음에 소홀했던 죄를 용서해 주시옵소서. 저희들에게 생명을 구원하시는 하나님의 열심을 주시옵소서. 저희들의 생업이 바쁘다는 핑계로 죽어가는 이들을 보면서도, 복음을 전하지 못한 삶이었음을 고백합니다.

예배의기도, 영과 진리로 예배하게 하시는 주 여호와이십니다. 지금, 이 자리에 모인 무리들에게 경건함과 거룩함으로 예배하게 하시옵소서. 생각과 마음을 모아서 여호와를 공경함으로써 예배하는 저희들이 되게 하시옵소서. 마음을 드려 경배하기 원합니다.

오늘의간구, 복에 복을 더 하사 지경을 넓혀달라고 간구하는 지체들의 기도를 들으시고, 응답해 주시옵소서. 생육하고 번성하여 땅에 충만하도록 하신 복을 누리게 하시옵소서. 또한, 주님의 은혜로 말미암아 근심이 없게도 하시옵소서. 여호와 앞에서 근심이 될 만한 유혹에 넘어가지 않게 하시옵소서. 우리 마음에 오셔서 기쁨을 주시고 힘이 되어 주시옵소서.

나라와사회, ○○교회가 속해 있는 지역사회를 위해서 간구합니다. 성령강림의 역사하심이 교회를 통해서 이 지역에 나타나기를 사모합니다. 하나님께서 구원하시기로 작정하신 이들이 저희 교회를 통해서 돌아오는 역사를 보게 하시옵소서. 교회가 지역의 파수꾼이 되기를 소망합니다.

지교회공동체, 교회가 이 땅에 세워져있는 것으로 하나님은 우리의 아버지이심을 선포하심에 감사드립니다. 저희들은 세상에 대하여 주님을 주님으로 모신 자의 삶이 되게 하시옵소서. 예수님의 거룩하신 이름은 우리를 죄와 멸망으로부터 건지시는 능력이라는 것을 전하게 하시옵소서. 우리 교회가 저희들에게만 소망이 아니라, 교회가 세워져있는 지역사회에도 소망이 되기를 원합니다

예배의순서, 오늘도 말씀을 듣고 단 위에 서신 목사님을 위하여 간

구합니다. 귀한 종에게 사자의 권위와 감화하는 말씀의 능력을 나타내 주시옵소서.

주신 말씀에 순종해서 저희들의 삶에서 맺어지는 성령의 열매와 그 향기를 통하여 하나님께 영광이 되기를 빕니다.

○○성가대를 세우셔서 우리 교회를 영화롭게 해주셨습니다. 기도하는 마음으로 준비한 그들의 찬양으로 이 전에서 올려드려야 하는 하나님의 영광을 선포하게 하시옵소서.

순서를 담당하여 섬기도록 부름을 받은 종들에게 능력과 지혜를 더하여 주시옵소서. 그들에게 성령으로 충만하게 하시옵소서. 저희들이 선택되었을 때, 자원하는 심령을 주셨으니 섬기게 하시옵소서.

전도와구원, 오늘, 성령님의 공동체를 소망하는 중에, ○○의 지체들이 먼저 새 생명의 탄생을 경험하게 하시옵소서. 저희들 각 사람이 성령님께로 충만하게 하사 ○○교회에 전도의 열매를 맺게 하시옵소서. 생명을 구원에 이르도록 하는 열매가 맺혀지면서 교회가 부흥하는 은혜에 들어가게 하시옵소서. 이로써 우리 교회를 지옥불로 던져지는 자를 살리는 역사로 충만한 공동체로 삼아주시옵소서.

예수님의 이름으로 기도드립니다. 아멘

구세주를 보내주셨으니 엎드립니다, 하나님.

감사와 찬양, 저희 인생을 위하여 구주가 나셨던 날을 기억하게 하시니 감사드립니다. 여호와의 성일에 주님의 이름을 송축합니다. 죄로 말미암아 죽음과 저주 아래 놓여 있던 인생들에게 구원의 은혜를 베푸신 하나님의 은혜에 감사드립니다. 잃어버린 바가 되었던 자기 백성을 찾아 죄악에서 속량해 주신 사랑에 감사드립니다.

회개와 용서, 저희들을 긍휼히 여겨 주시옵소서. 아기 예수님께서 오신 평화의 밤에 천군과 천사들처럼 기뻐 찬송하지 못한 죄를 회개합니다. 주님을 영접하는 것과는 상관이 없는 이 세상의 일들에 마음을 빼앗기고, 한 시간의 성탄절 예배를 드리는 저희들을 용서해 주시옵소서.

예배의 기도, 여호와의 이름 앞에 무릎을 꿇은 지체들에게 마음으로 찬송을 부르게 하시옵소서. 아기 예수로 오신 하나님, 그 이름을 높여드립니다. 이 교회에 예배하러 모인 주의 백성들이 주님을 찬양하고 영화롭게 찬송을 드리게 하시옵소서. 예배에 임하는 은혜로 말미암아 저희들은 신령하게 다시 세워주시기 원합니다.

오늘의간구, 하나님께서 정녕 저희들과 함께 하심을 믿습니다. 성탄절에 예수님을 만나 경배하려는 사모의 마음을 주셨음에 찬송합니다. 저희들에게 믿음의 눈으로 아기로 오셨던 그 날의 예수님을 뵙게 하시옵소서. 주님을 만나 경배하는 성탄절이 되도록 도와주시옵소서. 동방의 박사들이 별을 보고 나섰던 여행길의 경험을 주시옵소서.

나라와사회, 나라와 민족을 위하여 저희들의 마음을 드립니다. 우리 조국을 불쌍히 여겨주시옵소서. 하나님께 호소하오니, 저희들에게 기도의 무릎을 주시옵소서. 이 백성이 가난과 배고픔과 허기진 배를 움켜잡고, 조국의 건설에 몸을 던질 때, 전국의 산봉우리에서 하늘을 향해서 기도하며 목이 터져라 찬송을 부르게 하셨습니다. 저희들에게 무릎을 꿇게 하사, 다시 한 번 국가와 민족을 위해 기도하게 하시옵소서.

지교회공동체, 하나님의 말씀으로 저희들을 향한 주님의 뜻이 무엇인지 분별하여 새로워지게 하시옵소서. 그래서 말씀을 붙잡고 기도하는 생활을 하게 하시옵소서. 사랑하는 ○○교회의 지체들이 기도하러 모이고, 열심히 서로 사랑하는 중에 은혜의 풍성함을 보게 하시옵소서. 번성케 하시는 여호와의 손이 임하여 믿음의 부요를 누리게 하시옵소서.

예배의순서, 담임 목사님을 붙드셔서 ○○ 교회의 권속들에게 하나님의 말씀을 전하게 하시옵소서. 오늘의 말씀이 저희들의 심령을 새롭게 하여 옛 사람을 버리고 하나님의 사람으로 사는 결단이 되게 하시옵소서.

○○성가대원들이 예배하는 회중을 대표해서 하나님의 영광을 찬양하게 하시옵소서. 귀한 지체들이 몸을 드려 준비한 찬양이 이 자리를 하나님의 영광으로 가득하게 하시옵소서.

거룩한 예배로 오직 하나님께 영광이 되고, 마귀가 틈을 타지 않게 하시옵소서.

연약한 지체, 사랑하는 교회에 속해 있는 지체들이 성탄의 예배를 함께 하지 못하여 참으로 안타깝습니다. 저희들과 함께 예배하고 싶어도 병들어서 이곳에 오지 못한 ○○의 환우들이 있습니다. 귀신 들려서 눈이 멀고, 말 못하는 사람을 고쳐 주셨던 예수님께서 그들에게 찾아가 주시기를 빕니다. 우리 모두가 지체들의 고통에 동참하여 함께 눈물을 흘리니 불쌍히 여겨 주시옵소서.

예수님의 이름으로 기도드립니다. 아멘

12월 5주, 31일, 송년주일, 송구영신

송년주일을 맞이했습니다. 하나님,

감사와찬양, 올해의 마지막 주일에, 야곱의 하나님을 자기의 도움으로 삼으며 지냈던 형제들, 하나님께 자기의 소망을 두고 지냈던 자매들, 여기에 모여 하나님을 예배합니다. 이 시간에, 저희들에게 영과 진리로 예배하게 하시옵소서. 같은 마음, 같은 생각, 같은 말로 여호와의 이름에 영광을 드리게 하시옵소서.

회개와용서, 성령님께서 깨달음을 주시는 대로 저희들의 죄악을 회개하기 원합니다. 하나님께서 베풀어 주신 복은 즐거워하면서도, 마땅히 자녀 된 삶을 살지 못한 것을 고백할 때, 용서해 주심을 빕니다. 금년에는 허물에 의한 회개의 시간보다는 죄를 이기고, 말씀에 순종하여 감사의 기도를 드리는 시간이 많아지게 하시옵소서.

예배의기도, 주님께서 부활과 영생의 구세주이시라는 그 이름을 영원히 찬송하기 위하여 머리를 숙였습니다. 예수님이 무덤을 깨드리게 하신 하나님의 이름에 합당한 영광을 드리게 하시옵소서. 그리고 저희들에게도 부활할 것에 대한 확신을 주시옵소서. 그리고 주님과 함께 영원히 지낼 것을 확신하게 하시옵소서. 여기에 모인 거룩한 백성들이 천국을 사모하면서 아버지 하나님의 이름을 영화롭게 해드리게 하시옵소서.

오늘의간구, 여기에, 머리를 숙인 지체들에게 거룩해짐에 대한 비전을 갖게 하시옵소서. 하나님의 예언자들이 거룩했기 때문입니다. "예언은 언제든지 사람의 뜻으로 낸 것이 아니요 오직 성령의 감동하심을 받은 사람들이 하나님께 받아 말한 것임이라."는 말씀을 묵상하는 지체들이 되게 하시옵소서. 메시야의 오심에 맞는 저희들로 삼아 주시옵소서.

나라와사회, 우리 조국 대한민국을 축복합니다. 이 민족이 조상 때부터 여호와께 배은망덕하여 민족적으로 지은 죄를 고백하며, 무릎을 꿇습니다. 하나님을 사랑하지도 않고, 우상을 숭배하며 자신의 이익만을 쫓았던 어리석은 행실을 용서해 주시옵소서. 하나님을 두려워하지 않고 자신들을 의롭게 여긴 교만한 죄를 용서해 주시옵소서.

지교회공동체, 오늘도 바라기는, 저희들의 삶이 여호와 앞에서 예배가 되게 하시옵소서. 저희들의 심령을 성령님으로 충만하게 하셔서 우리의 삶이 곧 드려지는 예배가 되기를 원합니다. 하루, 하루의 삶을 영과 진리로 인도해 주시옵소서. 예배자로 살아가는 저희들이 되게 하시옵소서.

예배의순서, 이 교회를 위하여 주의 종을 보내셨으니, 회중은 진리의 말씀을 듣게 하시옵소서. 그에게 성령님의 충만하심과 지식을 더하셔서 천국의 말씀을 선포하게 하시옵소서.
○○ 성가대원들이 하나님을 찬양할 때, 이 예배당이 천상의 자리가 되기를 원합니다. 그 찬양으로 저희들에게는 예배하려는 마음이 더욱 간절해지게 하시옵소서.
이 한 시간의 예배가 거룩하게 드려지도록 예배하는 자리에서 여러 모양으로 수종을 드는 종들을 세우셨음에 감사드립니다.

십자가은혜, 주님께서 십자가에서 피 흘려 제물이 되신 것은 저희를 하나님과 화목하도록 하심인 줄로 믿습니다. 사랑하는 ○○의 지체에게 예수님께서 십자가로 이루어주신 평화를 누리며 살아갈 수 있도록 인도하여 주시옵소서. 반목과 갈등으로 위기에 처한 이 땅을 불쌍히 여기사 주님의 사랑이 넘치도록 하시옵소서. 암울한 현실이라 할지라도 하나님은 믿음으로 꿈꾸는 자들의 기도를 외면하지 않으심을 믿습니다.

예수님의 이름으로 기도드립니다. 아멘

(2024) 1월 1주, 7일, 신년주일

신년 첫 주일을 맞이했습니다, 하나님.

감사와 찬양, 지금까지 지내오는 동안에, 때마다, 일마다 간섭하신 하나님이십니다. 오늘, 좋은 것으로 만족케 해주신 하나님께 찬양과 경배를 드리게 하시옵소서. 아버지 하나님의 도우심으로 지낸 한 주간의 시간을 기억하면서 감사로 나아가게 하시옵소서. 이 시간에, 무엇보다도 거룩하고 복된 날을 구별하여 예배하는 은혜를 누리게 해주시옵소서.

회개와 용서, 새해를 맞이한 첫 시간에, 지난 일 년의 삶을 돌아볼 때, 하나님의 인도가 아니었다면 우리가 아무것도 할 수 없었음을 고백합니다. 주인이 맡긴 달란트를 땅속에 묻어 두었다가 그대로 내어놓는 악하고 게으른 종의 모습이 바로 저희들이었습니다. 지난 연말에는 많은 것들을 계획했지만 한 발짝도 앞으로 나아가지 못하였음을 용서해 주시옵소서.

예배의 기도, 예배로 시작한 한 해의 삶을 예배로 이어가는 ○○의 성도들이 되기를 원합니다. 올해에도 하나님께서는 우리를 인도해 주심을 믿습니다. 매일, 매일 여호와를 의지하는 중에, 인도하심 속에서 살아가게 하시옵소서. 저희들이 갈 길을 미리 아시고, 하나하나 성취시켜 나가시는 여호와를 소망하게 하시옵소서.

오늘의간구, 올해에도 하나님께서는 우리를 인도해주심을 믿습니다. 매일, 매일 여호와를 의지하는 중에, 그 인도하심 속에서 살아가게 하시옵소서. 그것을 기뻐하실 줄로 믿습니다. 이로써 저희들이 갈 길을 미리 아시고 하나하나 성취시켜 나가시는 여호와를 소망하게 하시옵소서. 하나님으로 금년을 시작하는 은혜로 이끌어주시옵소서.

나라와사회, 세계적으로 강대국들의 갈등이 심화되고, 이념에 따른 분쟁으로 지구촌은 평안하게 지내는 날이 드뭅니다. 이때, 약속국가로서 강대국들의 틈에서 우리나라가 보전되어야 하는데, 하나님의 지켜주심을 구합니다. 이 나라의 평안이 힘이 있는 나라에 있지 않고, 하나님의 손에 있음을 믿습니다. 대통령을 비롯해서 행정부의 장관들에게 지혜를 주셔서 국가를 다스리게 하시옵소서.

지교회공동체, 하나님께서는 지난 한 주간 동안에도 저희들을 능하게 하셨습니다. 때로는 유혹에 밀려 넘어지기도 하였으나 곧 일어서게 하셨음에 감사드립니다. 우리 주님의 성호를 높이 들어 예배하는 저희들을 성령님으로 충만하게 하시옵소서. 주님께로부터 보내심을 받은 이 땅에서 사단을 무찌르며 십자가의 군병답게 살기를 결단하게 하시옵소서.

예배의순서, 성령님께서 감화와 권능으로 목사님의 입술을 사용하셔서 말씀이 전해질 때, 심령이 살아나는 말씀으로 선포되기를 원합니다. 그 말씀으로 조국을 위하여 크리스천으로 어떻게 살아드려야 할지를 깨닫는 저희들이 되게 하시옵소서.

여호와께 영광이 예배당에 선포되도록 성가대를 세워주셨습니다. ○○성가대원들이 수확의 기쁨과 그 은혜를 찬양으로 표현하는 노래로 영광을 바치게 하시옵소서.

이 시간에도, 예배를 위하여 봉사하는 이들이 아론의 후손이 되어 예배의 진행을 돕게 하시옵소서. 지체들의 교제와 세워주신 각 기관을 위하여 섬기는 일꾼들에게도 주일의 복을 내려주시옵소서.

결단의 간구, 저희들의 나아가는 걸음을 힘차게 하셔서 죄를 멀리하고, 마귀의 유혹을 물리치며, 자신과 싸워서 이기는 오늘이 되게 하시옵소서. ○○ 교회의 권속들이 어디에서, 무엇을 하든지 십자가의 군사가 되게 이끌어 주시옵소서. 예수 이름으로 믿음과 소망 그리고 사랑으로 살게 하시옵소서. 하나님의 사랑으로 완성되는 삶이기 원합니다.

예수님의 이름으로 기도드립니다. 아멘

1월 2주, 14일, 토 - 대한

여호와를 섬기며 노래합니다, 하나님.

감사와찬양, 오라 우리가 여호와께로 돌아가자 하여 이렇게 나왔습니다. 돌이켜보니, 지나간 시간들은 하나님의 은총이었습니다. 그렇지만 저희들은 그 은혜에 감사하며 찬송을 드리는데 부족했습니다. 지난날 하나님을 잊고 지내던 저희들이었습니다. 이 시간에, 예배하면서 우리를 찢으셨으나 도로 낫게 하실 것이요 우리를 치셨으나 싸매어 주실 하나님을 경험하게 하시옵소서.

회개와용서, 게으르지 아니하고 믿음과 오래 참음으로 살아야 하였지만, 나태하였고, 쉽게 분노하고, 쉽게 짜증을 내며 지내온 죄를 용서해 주시옵소서. 천국의 약속들을 기업으로 받는 자들로서의 모습은 흐트러졌음을 용서해 주시옵소서. 이제, 육신의 생각과 소욕에 매이는 죄를 벗어버리도록 인도해 주시옵소서.

예배의기도, 세상의 일에 분주히 살던 저희들이 주님 앞으로 나왔습니다. 이 시간에 드려지는 예배로 먼저 하나님의 영광을 나타내게 하시옵소서. 예수 그리스도의 피로 죄를 씻음을 받아,

거룩한 모습으로 예배드리기 원합니다. 예배하도록 불러 주신 하나님께 예수님의 이름으로 구원받아 공동체를 이룸에 감사드립니다.

오늘의간구, 저희들을 사랑하셔서 말씀을 주셨음에 감사합니다. 오직 진리의 말씀에 의지하는 저희들이 낙심하지 않고 지내게 하시옵소서. 그 말씀이 저희들의 삶에 기준이 되며, 주님을 따름으로 삼게 하시옵소서. 그리하여 이 시간에도 저희들 자신이 십자가에 장사 지내지는 은혜를 경험하게 하시옵소서. 그 십자가의 죽음을 통해서 여호와를 바라는 의지가 담긴 새 형상으로 거듭나게 하시옵소서.

나라와사회, 하나님께서 지켜 주시는 이 나라에 대통령을 주시니 감사합니다. 하나님께서 대통령을 세워주시고, 그에게 권세를 맡기셨으니 저희들은 국민으로서 그를 존경하게 하시옵소서. 대통령과 국민 모두가 한마음, 한뜻이 되어 좋은 나라를 만들어 가기를 원합니다. 대통령의 헌신과 수고로 대한민국에는 새로운 시대를 열어 주시옵소서. 이 나라의 주권이 하나님께 있음을 감사합니다.

지교회공동체, 하나님은 저희들을 새롭게 해주셨습니다. 더욱이 감사함은 저희들 지체들을 충성되도록 여겨 하나님 앞에서와 세상에서 직분을 맡기심입니다. 생명의 빛 가운데서 성도의 기업의 부분을 얻기에 합당하게 하신 하나님이십니다. 오늘, 예배하면서 아버지께 충성을 다하기를 다짐하게 하시옵소서.

예배의 순서, ○○의 권속은 하나님 말씀 앞으로 나아갑니다. 생명의 말씀을 전하시는 목사님, 그 말씀을 생명으로 받아야 하는 저희들, 모두가 진리에 풍성하게 하시옵소서.
○○성가대를 세워주셨습니다. 성가대원으로 임명을 받고, 거룩한 자리를 지켜 오는 지체들을 축복합니다. 그들이 마음과 몸을 드려 찬양을 드리게 하시옵소서.
부르심을 받아, 맡은 자리에서 섬기도록 하시니 감사합니다. 하나님을 영화롭게 해드리려는 마음으로 예배의 진행을 돕는 손길들에게 은혜를 더하여 주시옵소서.

역경의 시련, 어려움에 처해 신음 중에 있는 이들을 불쌍히 여겨 주시옵소서. 곤란한 환경에서 끌어내어 주시고, 저희가 당하는 곤고와 환난을 보시고, 불쌍히 여기시는 여호와의 이름을 높여드립니다. "걷기도 하고 뛰기도 하며 하나님을 찬송하니"라는 은혜의 주인공들로 삼아주시옵소서. 주님의 이름에 합당한 영광을 드리게 하시옵소서.

예수님의 이름으로 기도드립니다. 아멘

1월 3주, 21일

전능하신 아버지를 찬양합니다, 하나님.

감사와 찬양, ○○의 지체들이 주일을 기억하여 거룩하게 지키기 위하여 모였습니다. 지난 한 주간 동안에도 우리를 지켜 주셨기에, 하나님의 이름을 불러 영광을 드립니다. 하나님의 구속하심에 대한 영광이 저희들에게 머무름을 즐거워합니다. 예배할 때, 여호와께 감사하며, 그 이름을 불러 아뢰며, 하나님의 일하심을 세상에 알리게 하시옵소서.

회개와 용서, 하나님의 말씀을 따르지 못했던 지난 생활을 회개합니다. 죄를 슬퍼하는 여호와의 백성을 위로해 주시옵소서. 하나님의 나라와 의를 구하면서 살아야 했는데, 오히려 유혹에 이끌리고, 욕심으로 말미암아 죄를 지으며 살았습니다. ○○의 지체들이 참으로 뉘우치니, 하나님의 인자하심으로 용서해 주시옵소서.

예배의 기도, 주님의 몸으로 세워진 이 교회에 하나님의 영광이 나타나기를 원합니다. 이 백성과 함께 하시는 하나님을 영화롭게 해드리게 하시옵소서. 이 시간에, 십자가를 우러러 볼 때, 구속의 은총에 감사하게 하시며, 영생의 확신을 가지고 예배하게 하시옵소서. 하늘 영광 보좌를 향해 찬양을 드립니다.

오늘의간구, 한국교회가 바로 서게 하시고, 주님의 몸 된 ○○ 교회에는 세상을 향한 교회의 사명을 감당할 수 있는 은혜를 내려주시옵소서. 십자가를 내려놓지 않고 세상의 고통을 함께 지고 갈 수 있는 교회들이 되게 하시옵소서. 이 시간에, 마가의 다락방에 충만하게 임하셨던 성령의 역사하심이 일어날 수 있게 하여 주시옵소서. 세상만 바라보지 않게 하시고, 믿음의 주요 또 온전하시는 이인 예수를 바라보게 하여 주시옵소서.

나라와사회, 우리 사회는 의미를 잃고, 방황하는 모습입니다. 정치하는 이들은 나라와 사회의 발전을 모색하는 경쟁보다는 상대방을 모함하고, 헐뜯지 못해서 안달을 하는 느낌을 주고 있습니다. 정치가들이 왜 있어야 하는지를 고민하게 합니다. 정치의 의미를 제 자리로 돌려놓게 하시옵소서. 그들이 생각을 바꾸도록 도와주시옵소서.

지교회공동체, ○○교회가 부흥되기를 바라시는 하나님의 심장을 저희들이 공유하게 하시옵소서. 지금, 저희들이 구하는 것 이상으로 넘치게 하시는 하나님을 묵상할 때, 더욱 큰 소원을 부르짖는 은혜를 소망합니다. ○○의 지체들이 심령의 부흥이라는 한 가지의 소원으로 마음이 묶여져서 간구하게 하시옵소서. 저희들에게 주신 것을 모두 드려도 감사한 마음을 주시옵소서.

예배의순서, 말씀을 듣고 단 위에 서신 목사님을 위하여 간구합니다. 목사님께서 말씀을 전하실 때, 성령의 능력이 임하는 역사가 있게 하여 주시옵소서. 말씀을 받으면서 회중에게는 영생을 주시기로 작정된 자는 다 믿는 은혜를 누리게 하시옵소서. 예배하는 한 시간에, 찬송으로 영광을 드리게 하신 성가대를 축복합니다. ○○성가대의 찬양을 아름답게 해 주시옵소서. 입술로 올려드리는 찬양에서 신앙고백이 넘쳐나게 하시옵소서. 예배위원들의 수고에, 교회의 곳곳에서 봉사하는 이들의 손길로 말미암아 하나님을 영화롭게 해드리는 예배로 드려지게 하시옵소서.

전도와구원, ○○교회의 전도를 바라보면서 한 번 더 간구하게 하시니 감사드립니다. 하나님의 나라가 세상에서 확장되도록 복음을 전하기를 원합니다. 우리 교회에 속해있는 각 기관들에서 전도를 경험하게 하시옵소서. 교회의 여러 기관을 통해서 주님의 몸으로서의 교회가 세상에 드러나게 하시고, 이 땅에서 하나님의 뜻을 이루어드리는 도구가 되는, 전도하는 공동체로 삼아주시옵소서.

예수님의 이름으로 기도드립니다. 아멘

1월 4주, 28일

여기에 모임을 기뻐합니다. 하나님.

감사와찬양 "악인은 그 길을, 불의한 자는 그 생각을 버리고 여호와께로 돌아오라"는 언약의 말씀을 의지하여 이렇게 모였습니다. 하나님을 가까이 하며 살기를 원하였으나 그렇지 못하였습니다. 그러나 하나님의 자비하심이 그리워 예배하러 나와 엎드리는 심정입니다. 영광을 거두어주시옵소서. 저희들에게 겸손하게 하시며 오직 하늘의 하나님을 영화롭게 해드림에만 주목하게 하시옵소서.

회개와용서, 주님께로부터 용서를 받음은 저희들을 용서의 공동체로 삼아주심이려 하신 줄로 믿습니다. 저희들에게 서로 용서하라 하셨건만 용서를 못하고 살아왔음을 회개합니다. 마음을 상하게 한 이들에 대하여 이해해 주지 못하고, 너그럽지 못한 태도를 보였습니다. 주님께로부터 용서를 받았으니, 마땅히 용서를 하지 못하고 마음에 분을 담고 있음을 용서해 주시옵소서.

예배의기도, 예배할 때, 무엇보다도 저희들의 모습 그대로가 예물로 드려지는 예배이기를 원합니다. 하나님께 영광을 바치는 예배에서 저희를 받으시고, 주님의 지체들로 삼아 주시옵소서. ○○의 귀한 권속을 성도로 세상에 내어보내질 수 있도록 만들어 주시기 원합니다. 주님의 영광을 드러내며, 천국의 일꾼답게 살아가도록 새롭게 하시옵소서.

오늘의 간구, 성령님의 도우심은 모든 것에 합력해서 성공으로 인도해 주심을 믿습니다. 마음이나 생각에서 부정적인 이미지, 실패의 두려움을 몰아내어 주시옵소서. 이미 두려움은 예수님께서 짊어져 주셨습니다. 두려움으로 몰아넣는 주저함과 망설임을 거절하게 하시고, 오직 하나님의 인도하심을 내다보게 하시옵소서.

나라와 사회, 사회적으로 경기가 좋지 않고, 사업의 환경이 어려워지고 있습니다. 경기가 좋아야 하는데, 여러 곳에서 곤두박질을 치는 지표를 보게 합니다. 뜻하지 않은 어려움이 갑작스럽게 닥쳐와서 어찌할 바를 알지 못하고 혼란 중에 있는 지체들을 보아 주시옵소서. 저들에게 어려움을 견디는 인내를 허락하시고, 넉넉히 이기게 하시옵소서.

지교회공동체, 이 시간에, ○○의 공동체를 하나님께 올려드립니다. 심령의 부흥을 원하는 저희들의 마음도 올려드립니다. 성령님께서 이 교회에 충만하게 임재하시기를 빕니다. 우리 교회가 주님의 교회라, 주님께서 지체를 새롭게 해 주심을 믿습니다. 저희는 교회를 부흥시키시는 성령님께 순종하게 하시옵소서.

예배의 순서, ○○의 권속은 오늘도 하나님의 말씀을 사모합니다. 말씀을 전하실 목사님께 신령한 능력과 성령으로 충만케 하시옵소서. 들려주시는 말씀으로 하나님의 영광을 아는 빛이 마음에 비쳐지게 하시옵소서.

여호와 앞에서 존귀한 성가대를 세워 주시니 감사합니다. 이 시간에도 성가대원 한 사람, 한 사람의 심령이 구별된 은혜와 진리로 충만하게 하시고, 아름다운 찬양을 드리게 하시옵소서.

예배의 원활한 진행과 참여하는 이들을 위해 수고하는 종들 그리고 성도의 교제를 위하여 주방에서 봉사하는 이들의 수고도 받아주시옵소서. 그 수고로 교회는 더욱 든든하게 세워지게 하시옵소서.

연약한 지체, 저희들의 마음을 안타깝게 하는 환자들을 위하여 간구합니다. 질병에 걸려서 고통 중에 있는 지체들과 노환으로 힘든 시간을 보내고 있는 어르신들에게 치유의 은혜를 내려 주시옵소서. 성령님께서 그들 각자를 어루만져 주시고, 아픔을 고쳐 주시옵소서. 잃었던 건강을 도로 찾게 하시고, 하나님께 영광을 드리게 하시옵소서.

예수님의 이름으로 기도드립니다. 아멘

2월 1주, 4일, 입춘, 토 - 설날

마음으로 노래를 드립니다, 하나님.

감사와찬양, 오늘을 구별해서 예배를 드림은 저희들에게 복이라고 여깁니다. 저희들의 예배를 기다리신 하나님을 찬송합니다. ○○ 교회의 권속들을 불러 주셨으니 날마다 우리 짐을 지시는 주 하나님께 감사드립니다. 이제, 저희들은 마음과 뜻, 목숨을 다하여 홀로 영광을 받으셔야 되시는 하나님께 예배하게 하시옵소서.

회개와용서, 저희를 부르시어 오늘도 회개할 수 있는 기회를 주시고 회개하도록 말씀을 주시고, 저희들의 마음에 감동을 주시고, 인도하시는 하나님께 감사를 드립니다. 주의 사랑, 그 용서, 그 거룩한 은총을 생각하며 감사 감격한 중에 잃어버린 진실을 찾게 하시옵소서. 오늘도 예수님을 닮아 가는 삶이 되게 하시고, 연약함을 만날 때마다 하나님께 기도할 수 있도록 축복해 주시옵소서.

예배의기도, 오늘, ○○의 지체들이 하나님께 영광이 되기를 원합니다. 주일의 예배로 하나님을 영화롭게 해드리게 하시옵소서. 영과 진리로 예배에 임하게 하시옵소서. 저희를 겸손케 하사 무릎을 꿇게 하시며 예배로 영광을 바치게 하시옵소서. 마음의 문을 열어 하늘의 하나님께 영광을 드립니다. 여기에 모인 귀한 지체들이 마음으로, 정성으로 하나님만을 경배하는 예배가 되게 하시옵소서.

오늘의간구, 새해를 시작하여 벌써 한 달의 삶을 지내고, 새달의 첫 주일입니다. 저희들의 한 날, 한 시간이 축복의 사건이라는 것을 확인하게 해주시니 감사드립니다. 주님만을 따르기 위해서 저희들을 얽어매기 쉬운 것들을 버리고, 또 버리면서 하나님의 위대하심에 찬송을 드리게 하시옵소서. 주말에는 설 명절을 맞이합니다. 우리 민족이 명절에 기쁨으로 축제의 시간을 갖게 하시옵소서. 서로 흩어져서 지내야 했던 형제들, 일가와 친척 모두 앞에서 하나님의 은혜를 나누게 하시옵소서.

나라와사회, 저희들은 천국 백성 이전에, 대한민국의 국민, 그리고 저희들이 살아가고 있는 지역에서의 주님이 되어 살아가기를 원합니다. 나라의 질서를 위해서 법을 제정하도록 하셨던 하나님의 섭리를 깨닫게 하시옵소서. 천국 백성 된 자들로 성경으로 살기를 원하듯이, 국민 된 의무와 권리에 순종하게 하시옵소서.

지교회공동체, 빌립보 교회의 성도들처럼 하늘에 속한 저희들이 되고, ○○ 교회가 되기 원합니다. 십자가로 말미암아 완성된 구속의 은혜를 누리면서 살아가는 지체들이 되게 하시옵소서.

이로써 주님께서 오실 때까지 하늘나라에 마음을 두고 살게 하시옵소서. 저 천국에 소망을 두고 지내는 저희들이 되기 원합니다.

예배의순서, 하나님의 종으로 구별되신 목사님을 저희들에게 주심에 감사드립니다. 저희들에게 진리의 영으로 충만하게 하시옵소서. 종의 입술을 통해서 전해지는 말씀을 사모하게 하시옵소서.

○○성가대를 세우셔서 하나님께 찬양으로 영광을 드리게 하시니 감사를 드립니다. 그들의 찬양이 하늘에 선포되기를 원합니다.

예배의 진행을 돕고, 성도들의 편의를 위하여 봉사하는 지체들을 축복합니다. 맡은 자리에서 예배를 돕는 손길들에게 은혜를 더해주시옵소서.

결단의간구, 오늘도 우리 교회의 지체를 위하여 간구하게 하시니 감사합니다. 주님의 몸으로 세워주신 우리 교회, 형제사랑의 공동체를 주셨음에 감사합니다. 여기에서 꿇어 엎드린 주의 사랑하는 성도들을 위하여 기도합니다. 눈물 흘리며 기도하는 기도를 들으시고 좋은 것으로 응답해 주시옵소서. 온 성도들이 먼저 하나님 말씀대로 살아가는 믿음을 갖기 원합니다. 저희들을 온전히 이끄셔서 더 굳센 믿음 위에 서게 해주시옵소서.

예수님의 이름으로 기도드립니다. 아멘

2월 2주, 11일, 14일 - 사순절 시작

하늘보좌를 찬송하며 경배합니다, 하나님.

감사와찬양, 자기 백성을 돌아보사 속량해주신 은혜로 지내 온 ○○의 지체들입니다. 저희들을 초청해주심에 감사드리게 하시옵소서. 저희들은 하나님 앞에서 경건하게 지내기를 사모하는 시간을 맞이합니다. 오늘, 죄 가운데서 구속하신 예수님의 은혜에 찬송을 드리게 하시옵소서. 죄를 용서해주시고, 아버지라 부르게 하신 하나님을 예배하게 하시옵소서.

회개와용서, 하나님께서 저희들에게 원하심은 은혜 안에서 자라가는 것인데, 천국 백성으로서 온전함에 이르지 못하고 있음을 회개합니다. 온전해지기 위해서 말씀과 기도를 가까이 하고, 성령님께의 충만함에 목말라하였으나 그렇지 못하였음을 용서해 주시옵소서. 십자가에서 흘려주신 보혈로 저희들이 회복되게 하시옵소서.

예배의기도, 예배로 모인 저희들에게서 영광을 취하시옵소서. 저희들에게 하나님의 영광을 구하는 것이 제일의 소원이 되게 하시옵소서. 오늘의 예배 모임 위에 크신 복을 내려 주시어 향기로운 제사가 되기 원합니다. 저희들의 작은 손을 모아 놀라우신 하나님께 영광의 기도를 드립니다.

오늘의 간구, 오늘, 저희들이 예배할 때, 성령님의 역사가 넘쳐서 교회부흥을 이루게 하시옵소서. 그리하여 성령님으로 말미암은 은사의 다양함을 누리게 하시옵소서. 여호와께 존귀한 ○○의 지체들이 성령님의 은사를 통해서 교회를 섬기게 하시옵소서. 복음을 전파하며, 서로 격려하고 돌아보아 부흥의 결실을 보게 하시옵소서.

나라와 사회, 하나님께서 대한민국을 보호해 주심을 믿습니다. 우리나라와 민족을 불쌍히 여기사 민족적으로 받아 누려야 될 복을 내려 주시고 대한민국을 지켜 주시옵소서. 하나님을 경외하는 민족으로 삼아주시옵소서. 온 백성이 하나님을 존중하며 두려워하게 하시옵소서. 이 민족을 향해서 이 땅과 이 백성을 복음화 시키기까지 충성을 다하는 교회가 되도록 인도해 주시옵소서.

지교회 공동체, 주님의 몸 된 지체에게 사랑으로 하나가 되는 은혜를 내려 주시옵소서. 영적인 침체를 벗어나게 하시고, 다시 기도로 뜨거워지는 교회와 성도들이 되게 하시옵소서. 전도를 위해 눈물로 기도하며 애쓰는 교인들도 있는줄 아오니 전도의 열매들이 맺혀지는 은혜를 경험하게 하시옵소서. 저희들의 수고와 성령의 역사하심으로 늘 승리하는 예배가 있는 교회가 되게 하시고, 더욱 든든하게 세워지게 하시옵소서.

예배의순서, 말씀을 준비하여 설교를 하시게 되실 목사님께 기름을 부으심으로 영력을 더해 주시기를 원합니다. 강단에서 선포되는 그 말씀을 받아, 생명의 진리로 이 시대를 살아가는 저희들이 되게 하시옵소서.

순서를 담당하는 이들의 봉사와 성가대의 찬양으로 주를 영화롭게 해드리기 원합니다. 성도의 교제를 위하여 주방에서 봉사하는 이들의 수고도 받아주시옵소서.

예배에 참여하는 응답으로 저희들의 힘과 시간과 재능으로 주님을 영화롭게 해드리게 하시옵소서.

역경의시련, 저희들의 눈을 주님께로 고정시키게 하시옵소서. 물결이 일어나는 밤바다와 같은 시간을 보내는 권속들을 위로해주시고, 주님을 봄으로써 넉넉히 이기게 하시옵소서. 풍랑이 심하다 해도 주님을 보고 이기게 하시옵소서. 고난의 풍파, 절망의 바다에서 손길을 내미시는 주님을 보게 하시옵소서.

예수님의 이름으로 기도드립니. 아멘

크고 위대하심에 경배합니다, 하나님.

감사와 찬양, 거룩한 날을 주셔서 여러 모양으로 흩어져 있던 ○○의 성도들이 한 가족으로 모였습니다. 서로 사랑하면서 지내던 저희들이 한 몸으로 모였으니, 영과 진리로 예배하게 하시옵소서. 지금, 주는 심히 위대하시며 존귀와 권위로 옷 입으셨음을 선포하게 하시옵소서.

회개와 용서, 재물에 붙잡혀서 노예로 지내던 저희들에게 자유를 주셨음을 감사합니다. 인간의 더러운 욕심에 자신을 내어주지 않도록 불쌍히 여겨 주시옵소서. 성령님의 자유하게 하시는 능력으로 죄를 거절하게 하시옵소서. 재물을 비롯해서 그 어떤 것에도 노예가 되지 않고, 영원한 자유인으로 그렇게 살아갈 수 있도록 도와주시옵소서.

예배의 기도, 영광을 받으셔야 하는 하나님께 찬양을 올려 드리게 하시옵소서. 저희들로 하여금 입을 벌려 주님의 위대하심을 찬송하게 하시옵소서. 이 시간에, 예배로 하나님께 영광을 드리고, 저희들에게는 은혜로 충만하게 하시옵소서. 오직, 하나님의 능력으로 구원의 길을 열어 놓으셨음에 경배를 드립니다.

오늘의간구, 오늘, ○○의 지체들에게 날마다 우리의 죄성을 깨닫게 하시옵소서. 사죄와 칭의의 보장이 되어주신 주님의 은혜로부터 멀어지지 않게 하시옵소서. 하나님의 형상 안에서 새롭게 지어져가는 ○○의 가족이 되는 것을 소망하게 하시옵소서. 그리하여 이 시간에도 다 여호와의 이름을 찬양하는 복스러운 예배에 들어가게 하시옵소서.

나라와사회, 우리나라 대한민국은 하나님의 품에 있음을 믿습니다. 이 세상은 두렵고, 사람들의 강팍한 마음을 보면서 범죄가 날로 늘어나고 있습니다. 이 나라를 아름답게 해주시옵소서. 이 나라를 믿지 못하고, 하나님을 알지 못하는 이웃들을 불쌍히 여겨 주시옵소서. 이 나라 이 민족을 불쌍히 여겨주시기를 간절히 기도드립니다.

지교회공동체, 저희들에게 성도의 직분을 감당할 수 있도록 주님의 성품을 닮아가도록 감화시켜 주시옵소서. 하나님의 거룩하고 성별된 자녀가 되었으니 저희에게 성도의 품위를 지킬 수 있도록 축복하여 주시옵소서. 저희가 세상을 힘으로 이기는 것이 아니라 하나님의 말씀으로, 하나님의 권세로, 하나님의 능력으로 이기게 하시옵소서.

예배의순서, 말씀으로 생명이 풍성한 교회가 되기를 소원합니다. 귀한 종에게 사자의 권위와 감화하는 말씀의 능력을 나타내 주시옵소서.

그 말씀으로 저희들은 하나님의 뜻을 분별하게 하시옵소서. 대림절에 하늘의 위로와 소망으로 지내게 하시옵소서.
○○성가대의 아름다운 찬양이 있는 예배로 하나님께 영광을 돌리게 되며 찬송의 능력을 체험하게 하시옵소서. 메시야의 이 땅에 오셨음에 찬양을 드리는 아름다운 노래가 하늘에 올려드려지기를 원합니다.
이른 시간부터 예배를 돕는 지체들이 있습니다. 저들의 봉사를 하나님은 받으시고 복을 내려 주시옵소서.

전도와구원, 교회가 구원의 방주가 되기를 원하니, 하나님의 일하심이 나타나게 하시옵소서. 우리 교회에 있는 여러 기관들과 조직들을 통해서 복음을 전하는 일이 많아지게 하시옵소서. 불신자들이 교회로 초청되게 하시며, 그들이 주님을 영접하는 역사가 나타나기를 원합니다. 많은 이들이 주님께로 돌아오는 교회로 삼아 주시옵소서.

예수님의 이름으로 기도드립니다. 아멘

2월 4주, 25일, 금 - 삼일절

삼일절예배로 지킵니다. 하나님,

감사와찬양, "민족들이 주를 찬송하게 하시며" 우리 하나님께 찬송을 드리게 하시옵소서. 이 자리를 하나님의 거룩하신 존전으로 알고 나온 이들은 마음으로 부복하여 주님의 이름에 머리를 숙이기 원합니다. 주님의 이름은 이제부터 영원까지 찬송받으실 이름이십니다.

회개와용서, 지금, 죄를 애통해 하는 성도들을 불쌍히 여겨 주시옵소서. ○○의 권속이 눈물로 통회할 때, 사유의 은혜를 내려 주시옵소서. 진실하며 열심을 다하는 신앙생활을 하지 못하고, 형식적으로 지낸 시간들도 많았습니다. 사유하시는 은혜를 내려주시옵소서. 하나님의 나라보다는 자신의 유익을 구하기에 바빴던 저희의 행실을 용서해 주시옵소서.

예배의기도, 이 시간, 하나님의 영광을 찬미하기 위해서 무릎을 꿇었습니다. 주님 전에 모여 영광과 찬송을 하나님께 돌릴 때, 받아주시옵소서. 저희들이 눈물 골짜기로 통행할 때에, "그 곳으로 많은 샘의 곳이 되게 하며 이른 비로 은택을 입히신" 하나님을 찬양하는 예배가 되게 하시고, 주님의 손길을 느끼게 하여 주시옵소서.

오늘의간구, 갇힌 자를 해방시켜 주시는 하나님을 찬양합니다. 압박당하는 자를 위하여 공의로 판단하시는 하나님을 온 세상에 선포합니다. 고아처럼 되어버린 이 민족을 구원하시기 위해 대한독립만세를 외치게 하셨던 하나님의 놀라우심을 찬양합니다. 주 안에서 나라를 사랑하고, 나라를 위하여 목숨을 내던지게 하심으로 독립운동에 헌신하게 하신 하나님의 손길을 찬양했던 그 모습을 간직하기를 원합니다. ○○의 성도에게 애국의 공동체가 되게 하시옵소서.

나라와사회, 삼일정신을 묵상하는 지금, 우리나라와 이 민족을 하나님께로 올려드립니다. 저희들에게 모국으로 주신 대한민국, 영적으로는 하나님 나라의 백성, 육적으로는 이 땅의 백성으로 지내오게 하셨음에 감사합니다. 하나님을 사랑하는 만큼이 땅도 사랑하기를 원합니다. 하나님께서 대한민국을 창성하게 해주시옵소서.

지교회공동체, 우리 주님의 피로 ○○교회를 세워주신 하나님을 찬양합니다. 오늘도 죽어가는 사람들을 구원하시려고, ○○의 지체들을 통하여 복음을 전파하게 하시니 감사드립니다. 지금까지 주님의 일을 해온 저희 교회가 앞으로는 갑절로 더 복음을 전하여 보다 많은 이들이 구원에 이르는 방주로 삼아 주시옵소서.

예배의순서, 강단에서 생명과 진리로 이끄실 목사님께 하나님의 말씀으로 흥왕함을 보게 하시옵소서. ○○의 강단, 성령님의 말하게 하심을 따라 대언해 주시는 하나님의 말씀이기를 원합니다. 저희들에게 말씀을 들을 귀를 허락해 주시고, 하나님을 만남을 경험하게 하시옵소서.

○○성가대원들을 준비시키셨음에 감사드립니다. 부름을 받은 지체들에게 기름을 부어주시옵소서. 하나님 앞에서 찬송을 맡은 이들이 벅찬 감격으로 찬양을 부르게 하시옵소서.

여러 모습으로 봉사하는 이들의 심정이 주께 드림이 되게 하시옵소서. 그들의 봉사와 섬김으로 인해, 온 교회가 영과 진리로 예배하게 하시옵소서.

연약한지체, ○○의 가족 중에, 이 시간에도 몸이 늙어서 병들어 집이나 병원에서 홀로 있는 이들이 있으니 도와주시옵소서. 회복하게 하시는 여호와의 만져주심으로 구원해 주시옵소서. 병든 이들에게는 아픈 부위를 낫게 하시고, 쇠약해진 노인들에게는 남은 생애를 주 안에서 보내도록 강건함과 평안으로 이끌어 주시옵소서.

예수님의 이름으로 기도드립니다. 아멘

3월 1주, 3, 화 - 경칩

이른 아침에 찬송을 드립니다, 하나님.

감사와 찬양, 하나님께서 사랑하시는 ○○의 지체들에게 여호와 우리 하나님을 높이게 하시니 감사드립니다. 하나님께서 예배처소로 정해주신 이 거룩한 곳에서 예배하게 하셨습니다. 저희들이 예배하는 동안에, "여호와 우리 하나님은 거룩하심이로다."라는 고백을 드리게 하시옵소서.

회개와 용서, 열매 없는 저희들에 대하여 오래오래 참아주시니 감사드립니다. 잘못을 뉘우치고, 용서를 기다리는 저희들을 불쌍히 여겨 주시옵소서. 원컨대 이제는 열매를 맺을 수 있고, 인격에 생활에 사회에 확실하게 그 크신 은혜의 열매를 맺으며 살아갈 수 있게 하시옵소서. 성령님께 충만하여 착한 행실의 열매가 풍성한 것을 보게 하시옵소서.

예배의 기도, 참으로 위대하신 손길로 저희들을 만족하게 하신 하나님의 인자하심을 찬양합니다. 이 시간에 드리는 저희 예배가 영과 진리로 드릴 수 있게 되기를 원합니다. 하나님의 자비하신 구원의 은혜를 저희들에게 흡족하게 내려 주시옵소서. 참으로 주님의 손길을 놀라워하며 주의 품에 안기게 해주시기 원합니다.

오늘의 간구, 이 시간에, 갈보리의 십자가를 바라보게 하시옵소서. 주님의 십자가를 내가 지기 원하여 자기의 십자가를 지고 주님을 좇게 하시옵소서. 주님의 십자가를 내려놓거나 이 십자가를 멀리 하려 하지 않게 하시옵소서. 때로는 외롭고 힘들지라도 묵묵히 십자가를 지고 주님을 따르게 하시옵소서.

나라와 사회, 안타깝게도 우리 사회는 시끄럽습니다. 칭찬보다는 비난을, 너그러움보다는 인색함을 남을 조롱하는 것으로 자기를 즐겁게 하려는 듯한, 화목하지 못하는 모습으로 얼룩져 있습니다. 정치를 하는 위정자들, 나라와 국민을 위해서 봉사하는 위치에 있는 이들도 이때를 자기를 위해서 한 몫을 챙기려는 모습만 보일 뿐입니다. 불쌍히 여겨주시옵소서. 삼천리 반도 금수강산 하나님 주신 동산, 이 나라와 우리 민족을 지켜주시며 때를 따라 복을 누리게 하시옵소서.

지교회 공동체, 가난한 이웃들과 외로운 이들에게 하나님의 말씀을 나누는 교회가 되기를 간구합니다. 어두워 가는 사회에 희망을 주게 하여 주시옵소서. 성경을 나누어주는 일에 열심을 더하게 하시며, 구제하면서도 복음을 망각하지 않게 하시옵소서. 우리 교회가 주님의 모습을 갖고 세상 속으로 들어가게 하시옵소서.

예배의순서, 말씀을 준비해 주셨음에 감사드립니다. 말씀을 전해주실 목사님께 영력을 더하여 주셔서 성삼위 하나님의 은혜로 인도해 주시는 복된 시간이기를 원합니다.

오늘도 주님을 영화롭게 해드리는 ○○ 성가대를 세우셨으니, 예수님을 구주로 믿는 무리들이 한 마음으로 하나님을 찬양하며 예배하도록 하시옵소서.

이 예배가 신령과 진정으로 드려지기 위해서 봉사하는 종들을 구별해 주셨습니다. 여호와의 은혜와 자비로 그들이 세워지고 더욱 충성스럽게 감당하게 하시옵소서. 모인 성도들이 예배할 때, 온 교회가 주의 영광을 선포하게 하시옵소서.

결단의 간구, 저희들의 영혼과 육체를 주님께 드립니다. 저희들의 가슴과 머리를 주님의 뜻으로 채워 주시옵소서. ○○교회의 권속이 주님을 향한 사랑으로 가득 차게 하심을 믿습니다. 이로써, 저희들의 참 기쁨이 주님이게 하시옵소서. 저희들 각자에게는 하나님의 뜻을 이루어 드리는 손과 발이 되게 하시옵소서.

예수님의 이름으로 기도드립니다. 아멘

3월 2주, 10일

영광스런 주를 뵈려 합니다. 하나님.

감사와 찬양, 여호와의 이름을 높여드리는 시간, 저희들을 이곳으로 불러주시니 감사합니다. 하나님께 사랑을 받고 있는 ○○의 지체들에게 여호와 우리 하나님을 높이게 하시니 감사드립니다. 하나님께서 예배 처소로 정해주신 이 거룩한 곳에서 예배하게 하셨습니다. 저희들이 예배하는 동안에, "여호와 우리 하나님은 거룩하심이로다."라는 고백을 드리게 하시옵소서.

회개와 용서, 생각과 마음으로는 거룩하게 살아, 천국 백성으로 지내기를 원하였으나 그러하지 못했습니다. 끝없는 욕심과 세상적인 욕망에 사로잡혀 우리 마음이 어두워진 지 오래됐습니다. 용서해 주시옵소서. 이 시간에, 주님의 피로 저희들의 심령을 씻겨 주시옵소서. 심령을 깨끗케 해주시옵소서. 주님의 피를 발라 눈을 밝혀주시고, 주님의 피로 귀를 씻기셔서 하나님의 음성을 듣게 하시옵소서.

예배의 기도, 위대하신 손길로 저희들을 만족하게 하신 하나님의 인자하심을 찬양합니다. 이 시간에 드리는 저희 예배가 영과 진리로 드릴 수 있게 되기를 원합니다. 하나님의 자비하신 구원의 은혜를 저희들에게 흡족하게 내려 주시옵소서. 참으로 주님의 손길을 놀라워하며 주의 품에 안기게 해주시기 원합니다.

오늘의 간구, 하나님께서 세상을 사랑하시듯이 ○○교회는 이웃을 사랑하기를 원합니다. 교회가 속해 있는 지역사회를 사랑하게 하시옵소서. 여호와의 은혜가 우리 동네에 임하여 교회를 세우게 하셨으니, ○○동이 복된 땅이 되게 하시옵소서. 하나님께서 구원하시기로 작정하신 이들이 천국의 문에 이르도록 생명의 역사를 일으켜 주시옵소서. 하나님 앞에서 지역에 속한 주민으로서의 삶을 통하여 하나님의 나라를 확장하게 하시옵소서.

나라와 사회, 나라를 사랑하며 나라를 위하여 기도하는 크리스천으로 지내게 하시옵소서. 하나님께서 이 민족의 자주독립을 위하여 거족적으로 독립운동을 일으키게 하셨음을 오늘에 사는 저희들이 따르게 하시옵소서. 신앙 선배들이 나라의 주권회복과 자유를 얻기 위하여 헌신하게 하셨음을 배우게 하시옵소서. 우리 민족문화의 자주성과 주체성을 수호하고자 하게 하셨음을 배우게 하시옵소서.

지교회 공동체, 경건한 시간을 보내면서 맞이한 주일 아침에, 저희들을 받아주시기 원합니다. ○○의 지체들이 주일을 기다리며 맞아들인 지금, 주님의 십자가를 바라보면서 드리는 예배에 하늘의 영광이 가득하기를 원합니다. 아름다운 주님의 이름에 합당한 영광을 드리게 하시옵소서. 주님의 이름은 언제 불러도 그리움입니다.

예배의순서, 오늘, 저희들의 심령을 하나님의 말씀에 주목하게 하시옵소서. 목사님께서 하나님의 말씀을 전하실 때, 성령님의 능력이 드러나게 하시고, 저희들은 은혜 속에서 듣기를 원합니다. 목사님께서 진리의 말씀으로 저희들을 인도하실 때, 성령님의 열매를 맺으려는 소원으로 가슴이 불타게 하시옵소서.
○○성가대의 찬송으로 하나님의 영광이 예배당 안에 가득하게 하시고, 저희들은 그 은혜로 하나님께 더욱 가까이 나아가도록 하시옵소서.
오늘도 하나님께서 받으실 만한 예배가 되기 위해서 예배위원들로 하여금 봉사하도록 하셨으니 감사드립니다.

역경의시련, 주 안에서 적극적으로 살아가기 위해서 성령님의 충만하심으로 새롭게 하시고, 지난 날, 자신을 괴롭히던 불쾌한 기억을 버리게 하시옵소서. 주님을 모시기 전에 겪었던 쓰라림을 버리도록 도와주시옵소서. 오래된 상처와 실망과 좌절과 과거의 실패에 대한 기억으로 인하여 괴로움을 당하지 않게 하시옵소서.

예수님의 이름으로 기도드립니다. 아멘

3월 3주, 17일, ㈬ - 춘분

갈보리의 십자가를 바라봅니다, 하나님.

감사와 찬양, 사랑하는 지체들이 "주를 기뻐하고 즐거워하며 지존하신 주의 이름에" 찬송을 드립니다. 이 시간에, 간절한 기대와 소망을 담아 예배드립니다. 예배하기를 기뻐하는 마음으로 충만하기 원합니다. 우리 하나님이여, 영광을 받으시옵소서. ○○의 지체들이 하나님께 사랑과 영광을 드리는 한 시간의 예배로 인도해 주시옵소서.

회개와 용서, 하나님의 영광이 되는 삶을 살기에 부족했던 지난 시간을 회개하게 하시옵소서. 회개의 영을 부어주셔서, 여호와께 합당하지 못했던 행실들에 대하여 낱낱이 고백하니 용서해 주시옵소서. 존귀한 성도들이 죄의 사유하심을 감사하고, 머리를 숙여 참으로 겸손히 예배하게 하시옵소서.

예배의 기도, 죄에서 구원해주시고, 영원히 왕이신 하나님을 찬양합니다. 많은 이들 중에서 저희를 구별하시고 지켜주셔서 선택받은 백성으로 예배하게 하셨음에 감사드립니다. 이 시간의 예배로 하나님의 영광을 선포하는 ○○의 지체가 되게 하시옵소서. 하늘 높이 영화로우시며, 진리의 빛과 은총의 향기로 가득 채워주시옵소서.

오늘의간구, 주님께서 고난을 당하셨음을 묵상하면서 주님의 뜻을 이루어 드리려 지내려는 저희들입니다. 죄와 허물로 죽었던 저희들을 예수 그리스도의 보혈의피로 살려 주시어 구속의 은총을 허락하심을 진심으로 감사드립니다. 끝까지 주님께서 주신 구속의 은총을 지켜 구속의 완성에 이를 수 있도록 저희들을 도와주시고 인도해 주시옵소서.

나라와사회, 우리 역사에는 자신의 목숨을 조국을 위하여 한 줌의 제물이 된 이들이 있었습니다. 나라가 위태로운 지경에 빠졌을 때, 그들의 자신을 희생함은 하나님의 사랑이라 여깁니다. 그들의 애국정신이 저희들의 것이 되게 하시옵소서. 그리고 이제는 하나님의 은혜와 사랑으로 그들의 유가족을 섬기게 하시옵소서. 그것이 저희들이 담담해야 될 애국이라고 믿습니다.

지교회공동체, 하나님께서 이제까지 ○○교회를 지켜 주심에 감사드립니다. 주님의 고난을 저희들의 몸에 담아서 하나님의 뜻을 이루어 드리고, 교회는 구원의 방주 역할을 다하게 하시옵소서. 세상을 위하여 자신의 몸을 내어주셨던 주님과 같이 고난주간을 보내면서 하나님의 뜻을 이루어 드리기 위해 세상을 섬기는 교회가 되기를 소망하게 하시옵소서.

예배의순서, 말씀을 대언해주시는 목사님을 성령님의 권세와 능력으로 붙들어 주시옵소서. 목사님께서 전해주실 하나님의 말씀에 기름을 부어주시옵소서.

여호와의 영광이 선포되도록 성가대를 세워주셨습니다. 이들이 하나님을 예배하는 저희들을 대신하여 찬양하는 역할을 귀하게 감당하게 하시옵소서.

예배 안내자들, 헌금위원들 모두에게 거룩한 감격의 은혜를 주시옵소서. 예배를 위해 부름을 받은 사역자들이 직분을 섬김에 청지기의 자세로 충성을 다하게 하시옵소서.

그리고 예배를 위해서 강단의 꽃꽂이, 안내-봉사위원, 주방에서의 봉사 등으로 수고하는 지체들을 기억해 주시옵소서.

전도와구원, 오늘도 이 땅의 곳곳에서 복음을 전하는 이들에게 하늘의 권세와 능력을 내려 주시옵소서. 스스로 복음을 전함에 거룩한 의무감을 갖고 섬기는 이들에게 함께해 주시옵소서. 우리 교회에서는 저희들이 살아가고 있는 삶의 현장에서 선교적인 사명을 갖고 임하게 하시옵소서. 전도하는 봉사에 삶의 의미를 갖게 하시옵소서.

예수님의 이름으로 기도드립니다. 아멘

3월 4주, 24일, 종려주일, 고난주간, 금 - 성금요일

종려주일을 맞이했습니다, 하나님.

감사와 찬양, 주님께서 찬양을 받으시며 예루살렘의 성으로 들어오셨던 영광을 기리게 하시옵소서. 저희들은 마음을 드려 호산나로 찬송하기를 원합니다. 주님의 구원을 바라는 이들이 드리는 예배에서 영광을 거두어 주시옵소서. 성삼위 하나님을 경외하는 ○○의 권속들이 마음으로 무릎을 꿇을 때, 영광이 이 전에 가득하게 하시옵소서.

회개와 용서, 주님께서 고난을 받으시고, 십자가에서 죽으심은 저희들을 죄로부터 구원해 주시려 함이셨음을 기억합니다. 오늘도 우리를 사랑하사 지난날의 그 많은 실수를 꾸짖지 않으시고, 현재의 이 시점에서 "네가 나를 사랑하느냐"고 물으시는 주님을 바라봅니다. 그 크신 은혜로 저희들을 용서해 주시옵소서. 하나님을 떠난 생각을 다 버리게 하시옵소서. 깨끗하게 해주시옵소서.

예배의 기도, 하나님의 충만하심으로 그 영광이 나타나고 있습니다. 예배하는 가운데, 저희들의 걸음이 악에서 떠나 선을 행하기 원합니다. 우리의 모든 경영과 계획이 주님의 선하신 뜻 안에서 이루어져 영광스런 열매를 맺게 하시옵소서. 저희들의 마음에 하나님의 법을 두게 하셨는데, 이 시간의 예배로 영광을 드리게 하시옵소서.

오늘의간구, 이제까지 주님 앞에서 경건하기를 원하며 지내게 하셨습니다. 주님께서 고난을 당하셨음에 감사로 지내는 요즘, 생활 속에서 말과 행동과 사랑에 믿는 자의 본이 되는 생활을 감당할 수 있도록 인도해 주시옵소서. 십자가를 가까이 하여 하나님께의 영광을 드림을 소원으로 삼게 하시고, 여호와의 율례와 규례를 지키고 주님의 말씀과 성령의 은혜 속에서 하루하루를 살아가는데 부족함이 없도록 이끌어주시옵소서.

나라와사회, 우리나라를 사랑해 주시니 감사합니다. 이 나라의 평안과 안정을 위해 주님의 손길을 구합니다. 하나님께서 친히, 파수꾼이 되셔서 보호해 주시옵소서. 저희들은 나라를 위하여 부름을 받은 하나님의 일꾼이 되어, 나라 사랑에 자신을 바치게 하시옵소서. 하나님께서 보호해 주시는 민족으로 삼으시옵소서.

지교회공동체, 주님의 몸 된 교회를 위해서 기도합니다. 주님의 이름으로 모인 공동체인 교회가 삼위일체의 하나님이 임재하시는 거룩한 처소가 되게 하시며, 온 성도는 주님의 사랑 안에서 주님의 뜻을 따라 참 신앙인의 본분을 잘 감당하는 복된 성도가 되게 하여 주시옵소서. 교회를 이곳에 세우신 하나님의 뜻이 이루어지도록 하는데 헌신하게 하시옵소서.

예배의 순서, 하나님의 말씀을 기다립니다. 이 말씀을 위하여 강단에 목사님을 세우셨으니 감사합니다.
설교를 준비하신 목사님께 이제까지와는 갑절도 더 되는 성령님의 감동하심이 있게 하시옵소서. 저희들에게 말씀하실 하나님의 메시지를 전하시도록 이끌어 주시기 원합니다.
○○성가대원들을 세워주셨습니다. 그들에게 하나님을 영화롭게 해드리는 심령으로 노래하여 찬양을 드리기를 소망합니다.
오늘도 교회를 위하여 봉사하는 일꾼들, 예배의 진행을 돕는 손길들에게 은혜를 더하여 주시옵소서.

연약한 지체, 저희들은 즐거움으로 예배하지만, 이 자리에 같이 하지 못하는 이들이 있어 안타깝습니다. 육체가 병들고, 환경에 얽매여서 이 날을 구별하지 못 하고 안타까워하는 형제와 자매들을 기억해 주시옵소서. 마음으로는 이곳을 사모하지만, 오지 못하여 더욱 애를 태우는 그들에게 저희들과 함께 예배공동체를 누리게 하시옵소서.

예수님의 이름으로 기도드립니다. 아멘

3월 5주, 31일, 부활절, 금 - 식목일, 한식

부활절을 맞이했습니다, 하나님.

감사와 찬양, 여호와 하나님 앞에서 안식하는 날이 주님의 날이 되게 하시니 감사드립니다. 하늘 아래에서 거룩하다고 구별하신 날에 주님께서 다시 살아나셨습니다. 죄인들은 그를 죽여서 무덤에 가두었으나 하나님께서 일으키셨습니다. 주님께서 악인의 권세를 꺾으시고, 부활하신 날에, 저희들이 예배함은 마땅하다고 믿습니다. 영광을 받으시옵소서.

회개와 용서, 부활절을 맞이해서, 부활의 신앙이 없이 살아온 죄를 회개합니다. 참으로 회개하게 하사 온전한 자유인이 되게 하시옵소서. 주님의 보혈로 저희들을 깨끗하게 하사 자유의 종이 되게 하시옵소서. 밝은 빛을 지향하며 오로지 자유인으로 사는 저희들이 되게 하여 주시옵소서. 우리 주님의 자유가 저희들의 것이 되기를 빕니다.

예배의 기도, 주님의 이름으로 모인 ○○의 지체들에게 영과 진리로 하나님께 나아가게 하시옵소서. 예배의 은혜로 말미암아 이 자리에 모인 성도들 중에 교만한 이들이 무릎을 꿇게 하시고, 단단했던 마음은 녹아지게 하시옵소서. 오직 성령님만이 임재하셔서 불로 태워 역사하는 그리고 은혜의 단비를 받는 성도들이 되게 하시옵소서.

오늘의간구, 하나님께는 영광을 선포하고, 주님의 부활을 기뻐하면서 예배하기 위해 모인 권속을 받아주시옵소서. 다시 사심으로써 저희들을 억누르고 있는 절망을 거두어주신 예수님을 즐거워하게 하시옵소서. 이 땅이 아무리 어둠이 심하고, 저희들에게 희망이 보이지 않는다 해도, 전혀 낙심하지 않게 해주셨음에 소망 중에 주님을 바라봅니다.

나라와사회, 하나님께서 이 민족을 위하여 행하신 역사를 살펴보게 하시옵소서. 하나님을 사랑하는 중에 저희들이 나라와 사회를 가슴에 품기를 원합니다. 나라와 사회를 위하여 헌신할 수 있는 마음과 능력을 주시옵소서. 하나님께서 주신 나라를 위하여 기도하게 하시옵소서. 한 영혼을 주님께로 인도하고자 결단하게 하시옵소서.

지교회공동체, 우리 교회 밖에도 질병이나 가난으로 어려움에 처해 있는 이들이 있습니다. 그들에게로 저희들을 보내시려는 하나님의 음성을 듣게 하시옵소서. 하나님께서 사랑하시는 그들, 우리에게 외면하지 않도록 해주시옵소서. 하나님의 사랑으로 그들을 섬기는 저희들이 되게 하시옵소서. ○○의 지체에게 사랑의 주님을 전하게 하시옵소서.

예배의순서, 회중을 위해서 목사님을 단에 세워 주셨으니, 대언의 영으로 충만하게 하시옵소서. 하나님께 속한 자는 하나님의 말씀을 듣는다고 하셨습니다. 그 말씀에 저희들은 하나님께 순전해지게 하시옵소서.

예배를 위하여 찬양으로 구별된 ○○성가대원들에게도 찬송의 영으로 충만하게 하시옵소서. 그들이 먼저 영광을 드리게 하시옵소서. 온 교회가 찬양을 드리는 예배로 이 시간을 드리게 하시옵소서.

오늘의 예배를 위하여 여러 자리에서, 여러 모양으로 섬기는 종들을 세워주셨습니다. 그들이 봉사와 섬김으로 먼저 은혜를 누리게 하시옵소서.

십자가은혜, 갈보리에서 우리의 옛 사람이 죽음을 경험하게 하셨습니다. 무덤을 깨뜨리신 주님과 함께 우리가 새 사람이 되었음에 감사드립니다. 주님의 십자가에서 저희들이 새 사람이 되었으니, 생각을 새롭게 하고 옛 사람을 거절하게 하시옵소서. 전에 좋아하던 행실을 거절하고, 하늘에 속한 행실을 따르게 하시옵소서.

예수님의 이름으로 기도드립니다. 아멘

4월 1주, 7일, 수 - 22대 국회의원 선거일

영광의 하나님께 조아립니다, 하나님.

감사와 찬양, 하나님을 예배하려고 단 마음으로 모여 머리를 숙인 지체에게 "홀로 기이한 일들을 행하시는 여호와 하나님"께 찬송을 드리게 하시옵소서. 거룩한 날을 구별하게 하시고, 복된 시간을 지키도록 하셨으니, 하나님께 영광이 되기를 원합니다. 이 예배로 저희들의 삶이 아름다운 주님의 세계와 하나 되게 하시옵소서.

회개와 용서, 주님의 피가 저희들의 마음과 생각을 새롭게 해주시기를 앙망합니다. 새롭게 다듬어서 "주여, 내가 주를 사랑하는 줄 주께서 아십니다"라고 고백하게 하시옵소서. 저희들의 가슴을 주님을 향한 사랑으로 가득 채워주시옵소서. 하나님을 생각하지도 않고 지냈음을 용서해 주시옵소서. 구원은 좋고, 주님의 길은 거북해했던 죄악을 용서해 주시옵소서.

예배의 기도, 하나님을 아버지라 부르는 거룩한 가족을 보아 주시옵소서. 예수님의 십자가 아래에서 하나님을 향한 사랑으로 하나 되어 함께 하였습니다. 우리 하나님의 이름이 홀로 높으시며, 그 영광이 천지에 뛰어나심을 경배하는 한 시간이 되게 하시옵소서. 오직 하나님의 이름이 영광을 받으시는 한 시간으로 삼으시옵소서.

오늘의 간구, 오늘, 예배하러 모인 지체에게 하나님께만 섬김을 드리기를 원합니다. 여기에 모인 저희들도 아니고, 성도들이 오직 하나님만을 섬기고 오직 하나님만을 위해 봉사하게 하여 주시옵소서. 삶의 현장에서 예배자로 지내게 하시며, 주님께 영광을 드린다면 만족하게 하시옵소서. 저희들은 주님의 몸을 나누어 가졌으니, 이 땅에서 지내는 동안에 주님을 따르는 삶으로 삼아주시옵소서. 그리하여 선한 눈이 되게 하시고, 감사의 입술이 되게 하시며, 복된 귀가 되게 하셔서 성결한 삶이 지속되도록 이끌어주시옵소서.

나라와 사회, 우리나라, 대한민국의 편이 되어주신 하나님께 감사합니다. 저희들에게는 나라를 위해 자기 목숨을 내어 던진 선조들을 주셨음에 감사합니다. 이 나라와 민족이 구원받기 위해서 모세와 같이 자기 민족을 사랑하면서 깨어 있는 믿음으로 살아가는 저희들이 되게 하시옵소서. 하나님의 뜻 안에 있는 평화를 꿈꾸며 살아가는 이 백성이 되기를 소망합니다.

지교회공동체, ○○교회가 충성하는 공동체가 되기를 원하니 교회에 속한 성도들이 성령님으로 충만하게 하시옵소서. 성령님의 강권하심을 즐거워하며 저희들에게 있는 모든 것을 드리게 하시옵소서. 이미, 성령님께서 저희들에게 은사를 주셨으니, 내게 있는 은사를 바치게 하시옵소서. 전 교우들이 합심하여 하나님의 나라를 이루어 가게 하시옵소서.

예배의순서, 목사님을 대언자로 세우셔서 말씀을 전하게 하심을 감사드립니다. 성령님께서 생명의 말씀을 선포해 주시고, 주님의 피 묻은 손을 느끼면서 진리의 말씀을 깨닫게 하시옵소서. 찬양을 원하시는 하나님께서 성가대를 구별해 주셨다고 믿습니다. ○○성가대원들이 마음과 몸을 드려 찬양할 때, 하나님의 은혜를 체험하는 복된 자리로 인도해 주시옵소서. 주일을 거룩하게 지키려고 수고를 다하는 봉사위원들이 있습니다. 이 한 시간의 예배와 교회에서 진행되는 모든 일과를 섬기는 종들에게 충성스럽게 감당하게 하시옵소서.

결단의간구, 이 시간에, ○○의 공동체에 성령의 바람을 보내주시옵소서. 저희들 각 사람이 부활하신 주님의 영으로 자기의 심령을 채우고자 간절하게 해주시옵소서. 부활하신 주님께서 주시는 은혜로 강하게 세워주시고, 담대하게 하시옵소서. 가슴이 뜨거웠던 엠마오 길의 두 청년이 바로 저희들이기를 원합니다.

예수님의 이름으로 기도드립니다. 아멘

4월 2주, 14일, 금 - 곡우

순종과 겸손을 바칩니다. 하나님.

감사와찬양, 하나님께서 구별해 주신 오늘, 거룩함에 주목하여 지내온 ○○의 지체에게 주를 경배하게 하시옵소서. 우리를 위하시며 이 땅에서 살아가는 동안에 긍휼을 베푸시는 여호와를 노래하게 하시옵소서. 이 백성이 주의 이름을 노래하는 한 시간의 예배를 받으시고, 영광 가운데 좌정하시옵소서.

회개와용서, 거룩하게 지낸다고 하면서도 죄를 지었습니다. 또한, 연약한 인간의 모습 속에서 짐짓 죄를 지었습니다. 이 모든 죄를 고백하니, 주님의 피로 씻어주시고, 저희들이 새롭게 되는 날이 주 앞으로부터 이르게 하시옵소서. 저희들이 저지른 실수나 저질러서는 안 될 죄에 대하여 느꼈던 비탄과 후회와 참회의 순간을 잊지 않게 하시옵소서.

예배의 기도, 원근각처에 흩어져 있던 저희들이 주님의 이름 앞으로 나왔습니다. 저희들의 예배하는 한 시간으로 하나님의 다스리심이 온 천하에 알려지기를 원합니다. 기쁨으로 여호와를 노래하면서 성삼위 하나님의 거룩하심을 예배합니다.

오늘의간구, 주님의 또 다른 모습으로 ○○교회가 이 지역에 있어, 세상을 섬기도록 하셨음에 감사드립니다. 교회 주변에 있는 가난하고, 병든 이들을 섬기게 하시옵소서. 삼위일체 하나님의 긍휼을 전하는 손길이 되어 위로하게 하시옵소서. 사회봉사에 더욱 자원하게 하시옵소서. 교회에서 관리하는 사회봉사 사역에도 더욱 헌신하게 하시기를 원합니다.

나라와사회, 이 나라, 이 민족에게 복을 허락하시고 지켜 주시옵소서. 먼저, 이 나라와 백성이 하나님을 경외하며 두려워하게 하시옵소서. 이 민족을 향해서 이 땅과 이 백성을 복음화 시키기까지 충성을 다하는 교회가 되도록 인도해 주시옵소서. 고난과 역경만을 거듭해온 민족, 다시는 이 땅에 고난이 없게 하시고 분쟁이 없게 해주시며 이 땅을 통일시켜 주셔서 이 민족의 한을 풀어 주시옵소서.

지교회공동체, ○○의 지체가 주님의 이름으로 모인 지금, 베풀어 주신 은혜를 헤아리며 성령님의 충만하심을 사모하게 하시옵소서. ○○교회는 감사의 공동체가 되어 경배를 드리게 하시옵소서. 주님을 사랑하여 값비싼 향유를 드렸던 여인과 같이 저희들에게도 드림의 은혜를 내려 주시옵소서. 저희들의 손에 있는 모든 것들이 하늘 아버지로부터 왔으니 그 은혜에 감격하며 감사를 드리게 하시옵소서.

예배의순서, 저희들, 지금 하나님의 말씀을 받으려고 마음을 모읍니다. 말씀을 대언해 주시는 목사님을 성령님의 권세와 능력으로 붙들어 주시옵소서. 오늘의 예배를 위해서도 여러 지체들이 수종을 들고 있으니 기쁨으로 봉사하게 하시옵소서.

예배하는 자리에서 찬양을 위하여 부름을 받은 성가대원들에게는 하나님께서 받으실 목소리를 내게 하시옵소서. 먼저 그들이 향기로운 제물이 되어 찬양을 드리게 하시옵소서.

구원의 하나님께 예배드림이 마음을 다하고, 뜻을 다하는 생명의 축제가 되게 하시며, 온 교회가 청지기로서 충성을 드리게 하시옵소서.

역경의 시련, 안타깝게도 요즈음, 주변에는 어려움으로 힘들어 하는 이들이 있으니, 그들을 불쌍히 여겨 주시옵소서. 인생의 광풍을 만난 이들에게 함께 하셔서 풍랑을 다스려주시고, 평안케 하시옵소서. 사랑하는 지체들이 어려움을 겪으면서 하나님의 은혜를 소망하게 하시옵소서. 풍랑으로 훈련시키시는 주님의 손을 기다리게 하시옵소서.

예수님의 이름으로 기도드립니다. 아멘

4월 3주, 21일

크게 찬송으로 영광을 바칩니다, 하나님.

감사와 찬양, 하나님의 집을 그리워하여 이 날을 기다렸던 주의 자녀들에게 여호와를 즐거워하게 하시옵소서. 오늘, 예배하며, 죽음을 이기시고 살아나신 주 예수의 이름을 송축하게 하시옵소서. 찬송을 부르는 저희들을 벅차게 하시옵소서.

회개와 용서, 주님께서 저희들의 마음에 계시기를 구하지도 못하고 눈으로 보는 것들로 마음을 채우기에 바빴음을 고백합니다. 볕이 뜨면 사라지고 마는 안개와 같은 것들을 영원한 것과 바꾼 죄를 용서해 주시옵소서. 이제, 하나님의 모든 충만하신 것으로 충만하기를 구하게 하시옵소서.

예배의 기도, 지금, 예배하면서 저희들이 하나님을 바르게 아는 은혜의 기쁨을 받게 하시옵소서. 지금, 예배를 통해서 하나님의 이름을 거룩하게 해드리고, 그 이름에 영광을 드리게 하시옵소서. 저희들의 모습이 곧 하나님의 이름의 영광이기를 빕니다. 주님의 몸을 이루는 지체들이 되게 하시옵소서.

오늘의 간구, 저희들이 예수님을 더 깊이 알고 체험하기 위하여 구원의 길이 된 주님의 십자가를 주목하게 하시옵소서. 성령님께서 십자가의 은혜로 생명의 진리를 우리에게 계시해 주실 줄로 믿습니다. 예수님의 죽으심이 죄인이었던 우리를 위한 대속의 죽음이셨음을 확신하게 하시옵소서. 십자가의 보혈만이 저희들에게 능력이 됨을 고백하게 하시옵소서.

나라와사회, 이 민족과 함께 해주신 은혜와 사랑을 감사드립니다. 나를 구원하시고 인류를 구원하시기 위해 자신을 내어주신 십자가의 주님을 바라보며 머리를 숙인 성도들을 보옵소서. 살아계신 하나님은 전능하시기에 이 민족을 위해서 역사하심을 기다리며 찬양하게 하시옵소서.

지교회공동체, 우리 교회가 지상에서 천국의 공동체가 되기를 원합니다. 교회 안에서 천국의 백성으로 지내는 기쁨을 누리게 하시옵소서. 교회의 권속이 하나님께서 주신 시간을 아껴 살게 하시고, 성령님의 열매를 맺는데 사용하게 하심을 즐거워합니다. 오직 착한 행실을 통해서 주님을 영화롭게 해드리기를 사모하게 하시옵소서. 주님의 말씀에 순종하여 하나님을 사랑하고, 이웃을 사랑하는 일에 힘을 써 하나님의 영광이 드러내는 삶을 살게 하시옵소서.

예배의순서, 저희들의 심령을 하나님의 말씀에 주목하게 하시옵소서. 하나님의 말씀에, 성령님의 능력이 드러나게 하시고, 저희들은 은혜 속에서 듣기를 원합니다.

말씀으로 상한 심령들이 치유를 받게 하시고. 저희들을 위해서 준비된 하늘의 은혜를 허락해 주시옵소서.
주님의 성령으로 성가대원들을 이끄셔서, 마음을 다하여 찬양을 드리게 하시옵소서. 진리 안에서 노래하게 하시며, 주님의 아름다우심을 찬양하게 하시며, 성가로 영광을 드리니 은총을 내려 주시옵소서.
오늘의 예배를 위하여 수고하게 된 종들에게 의와 거룩함과 착함과 경건이 바쳐지게 하시옵소서. 예배의 순서가 진행될 때, 하나님의 영광이 만방에 선포되기를 빕니다.

전도와구원, ○○교회에 교회부흥의 영이 역사하기를 원합니다. 성령님의 교회를 세우시는 역사가 임하여 날마다 부흥되는 은혜를 사모합니다. ○○의 지체는 교회부흥을 반가워하고, 부흥을 위하여 소용되는 모든 것에 헌신하게 하시옵소서. 신앙의 부흥이 경험되고, 불신자들이 구원을 받는 생명의 부흥이 넘치게 하시옵소서.

예수님의 이름으로 기도드립니다. 아멘

4월 4주, 28일, ⓢ - 노동절

만유의 주께 영광을 드립니다, 하나님.

감사와 찬양, 사랑하는 지체들이 "주를 기뻐하고 즐거워하며 지존하신 주의 이름에" 찬송을 드립니다. 이 시간에, 간절한 기대와 소망을 담아 예배드립니다. 예배하기를 기뻐하는 마음으로 충만하기 원합니다. 우리 하나님이여, 영광을 받으시옵소서. ○○의 지체들이 하나님께 사랑과 영광을 드리는 한 시간의 예배로 인도해 주시옵소서.

회개와 용서, 여호와의 은혜가 넘침은 저희들끼리만 흡족해 하라 하심이 아님을 알면서도 만족하는데 그친 죄를 고백합니다. 하나님께서 저희들에게 주심은 그것으로 여호와께 감사하고, 그 이름을 영화롭게 해드려야 하였으나 그렇게 하지 못한 죄를 고백하니 용서해 주시옵소서.

예배의 기도, 하나님의 자녀들이 하나, 둘씩 모여서 이 전을 채웠습니다. 주님을 영화롭게 해드리려고 모인 ○○의 성도들에게 찬송을 부르게 하시기 원합니다. 온 땅이 주의 이름을 찬양한다면, 저희들은 하나님이 받으시기에 마땅한 경배를 드리게 하시옵소서. 하늘의 문을 여시고 여호와의 영광이 이 전에 가득하게 하시옵소서.

오늘의간구, 저희 교회가 활성화되어 부흥케 하시고 성결운동으로 세상에 본이 되게 하여 주시기를 원합니다. 영혼구령을 위해 세우신 주의 교회를 기억하게 하시옵소서. 저희 교회가 부흥케 하시며, 말씀으로 충만케 하시고, 기도로 하늘 문을 열며, 헌신으로 주님께 인정받게 하여 주시옵소서.

나라와사회, "하나님이 보우하사 우리나라 만세." 신앙의 선배들이 나라를 사랑하고, 하나님께서 우리를 보호해 주시라고 기도했던 그 심정을 갖게 하시니 감사합니다. 세계열강의 틈에서 우리나라는 약하기 그지없습니다. 강대국들의 변화에 민감해야만 존립할 수 있는 지구촌 환경에서 하나님의 지켜주심을 구합니다. 이 나라를 붙들어 주시옵소서.

지교회공동체, 죄인을 구원하시려고 구주를 보내주신 하나님의 사랑에 감격하기를 원합니다. 저희가 때때로 신앙에 실족할지라도 주님이 주시는 능력으로 이기게 하여 주시옵소서. 저희에게 주님이 주시는 소망의 기쁨으로 주님께서 원하시는 길을 걷도록 축복해 주시기를 간구합니다. 저희에게 산 소망을 허락하여 주시옵소서. 새로운 힘으로 세상을 이기게 하시옵소서.

예배의순서, 거룩한 이 시간에, 하나님의 말씀으로 풍성한 예배가 되게 하시옵소서. 목사님을 단에 세우셨음에 감사드립니다. 그의 입술을 성령님께서 주관하셔서 이 백성들이 성탄의 기쁜 소식을 듣게 하시옵소서.
○○성가대원들이 신령과 진정의 기도가 표현된 찬양으로 최상의 영광을 드리기를 소망합니다. 함께 한 저희들도 화답하는 심정으로 여호와의 임재를 바라보게 하시옵소서.
맡은 자리에서 예배의 진행을 돕는 손길들에게 은혜를 더하여 주시옵소서. 성삼위 하나님만이 영광을 받으옵소서.

연약한 지체, 참으로 안타깝기는 저희들의 형제와 자매들 중에, 봄의 아름다움과 향기를 즐기지 못하고 병상에 있는 이들이 있음입니다. 이 시간에, 함께 하지 못한 ○○의 권속이 그립습니다. 육체적으로 연약해서 병이 든 지체들이 안타깝습니다. "눈물이 주야로 음식이 되었으니" 불쌍히 여겨주시옵소서. 하나님의 교회를 사랑하고, 저희들과 함께 예배하기를 즐거워하니 치유의 은총을 베풀어 주시옵소서. 강건함으로 회복시켜 주시옵소서.

예수님의 이름으로 기도드립니다. 아멘

5월 1주, 5일, 어린이주일, 수 - 어버이날

어린이주일을 맞이했습니다, 하나님.

감사와찬양, "내가 주의 성전을 향하여 예배하며 주의 인자하심과 성실하심으로 말미암아 주의 이름에 감사하오리니." 아멘(시 138:2) 여호와의 성일에 이 날을 어린이 주일로 지키게 하시니 감사합니다. ○○의 성도들은 하나님께 영광을 드리려고 주님의 전으로 모였습니다. 예배를 받으시는 성소에서 여호와를 송축하게 하시옵소서.

회개와용서, 어린이주일에, 저희들의 미련함에 대하여 용서를 구합니까? 교회 안에서 모두가 하늘나라의 모형이 되어 지내는데 부족한 것을 회개합니다. 저희들이 몸은 세상에 두고 있지만 행실은 천국 백성으로 지내야 하는데 그렇지 못하였음을 용서해 주시옵소서. 구원을 받는 데만 만족하였지, 하나님의 사람이 되어야 함에는 관심도 없이 지냈습니다. 그리하여 누구보다도 세상에서 영악한 사람이 되어가고 있으니 불쌍히 여겨 주시옵소서.

예배의기도, 주의 사랑하시는 지체에게 여호와의 이름을 부르게 하시고, 예배하기 위해서 무릎을 꿇게 하시옵소서. 저희들, 모두에게 예배하는 자로 선택되어 이른 아침부터 봉사하고 있습니다. 그들이 감사와 감격으로 자리를 지키게 하시옵소서. 교회를 사랑하게 하시며 한 시간의 예배에서 충성스럽게 경배를 드리게 하시옵소서.

오늘의간구, 어린이들이 사랑을 받으면서 자라게 하시옵소서. 부모로부터, 형제들에게서, 친구들부터 아낌이 없는 사랑을 받게 하시옵소서. 사랑의 풍요로움을 경험하여 정서적으로 온전한 성장이 있기를 원합니다. 그 사랑을 통하여 하나님이 사랑의 풍성함을 깨닫고, 하나님을 더 가까이 하는 삶을 사모하게 하시옵소서.

나라와사회, 사람들마다 자기들의 소견대로 행하는 모습을 봅니다. 이 민족의 가슴에 그리스도의 계절이 오게 하시옵소서. 십자가에서 흘리신 예수님의 피로 가슴을 적시게 하시고, 이 땅 가득히 주님의 영광이 나타나기를 소망합니다. 이 민족에게 인생의 행복이 주님께 있음을 깨달아 알아 여호와의 도우심을 구하게 하시옵소서.

지교회공동체, ○○의 성도에게 이제까지의 삶은 여호와의 긍휼이었습니다. 날마다 긍휼하심을 받게 하셨음에 찬양을 드립니다. 가족을 사랑하면서 지내는 이달에는 하나님의 일을 성취하시는 은혜를 보게 하시옵소서. 교회 안에서 천국을 누리고, 성도들 각 사람은 가정에서 천국을 갖게 하시옵소서. 그렇게 지내는 중에, 사람이 마음으로 자기의 길을 계획할지라도 그 걸음을 인도하시는 여호와를 소망하게 하시옵소서.

예배의순서, 말씀을 준비하여 설교를 하시는 목사님께 영력을 더해 주시옵소서. 선포되는 주님의 말씀이 저희를 비추는 거울이 되어 우리의 흐트러진 모습을 발견하게 하시고 신앙으로 바로 서게 하시옵소서.
성가대의 찬양을 기쁘게 받아 주시며, 예배하는 저희들 모두가 같은 마음으로 찬양하게 해주시옵소서.
이 시간에, 오늘도 하나님께서 받으실 만한 예배가 되기 위해서 예배위원들로 하여금 봉사하도록 하셨으니 감사드립니다.

결단의간구, 오늘, 예배하는 시간에, 하나님의 계명에 어긋나는 생각이나 욕망을 추호도 마음에 품지 않기를 결단하게 하시옵소서. 우리는 여전히 죄의 부패로 인해서 온전히 순종할 수 없음을 고백합니다. 저희들의 연약함을 핑계 삼아 죄를 짓지 않게 하시옵소서. 하나님의 거룩하심을 닮아 개인적으로, 가정적으로 거룩하기를 원합니다.

예수님의 이름으로 기도드립니다. 아멘

5월 2주, 12일, 어버이주일, 수 - 부처님오신날, 스승의날

어버이주일을 맞이했습니다, 하나님.

감사와찬양, 오늘, 여호와의 성일을 부모님에 대한 은혜를 생각하며, 하나님께 예배합니다. 영광과 존귀를 드립니다. 하나님께서는 우리를 친히 돌보시려고 누구나 부모에 의해 자라게 하셨습니다. 이 땅에 있는 인생을 사랑하셔서 거룩한 제도를 주셨음에 감사하며 예배하게 하시옵소서.

회개와용서, 돌이켜보건대, 저희들에게 하나님께 충성하지 못했음과 같이 부모에게도 효도를 다하지 못하고 이 주일을 맞이했습니다. 오늘, 어버이를 주신 은혜에 감사하는 예배를 드릴 때, 사람의 마음이 아닌 성령님의 역사하심으로 부모를 공경하며 살게 하시옵소서. 부모에게 효도함을 통해서 하나님께로 나아가게 하시옵소서.

예배의 기도, 생명을 허락하시고, 삶을 지켜 주신 하나님의 사랑을 생각합니다. 아들 예수까지도 우리의 죄를 위해 아낌없이 내어 주신 구속의 은혜를 만입으로도 다 감사하지 못합니다. 온 성도들이 주님의 이름을 높여드립니다. 주님의 영광이 머무는 이곳을 사랑하기에 모인 저희들입니다. 영광으로 주를 찬송하

게 하시옵소서.

오늘의간구, 오늘을 즐거워하며 예배하는 저희들에게 부모를 공경하는 은혜로 충만하게 하시옵소서. 부모를 즐겁게 하며 어미를 기쁘게 하겠노라 다짐을 합니다. 부모님을 공경하고 부모님의 가르침을 따르는 사람은 잘 되고 아름다운 이름과 존귀를 얻게 하신다는 약속도 원합니다. 오직 성령님의 충만하심으로 예배하게 하시옵소서.

나라와사회, 이 민족을 보아주시옵소서. 갈등의 역사로 점철되어 온 이 민족에게는 무엇에든지 갈등이 먼저 앞서고 있습니다. 언제나 우리가 겨레로서 하나 될까요? '나 아니면 안 된다는' 파벌 투쟁으로 우리는 아픔을 겪고 있습니다. 승자도 없이 결국에는 모두가 패자가 되고 마는 정직함이 결여되어 있습니다. 우리를 불쌍히 여겨 주시옵소서.

지교회공동체, 하나의 교회는 부흥되어야 한다고 믿습니다. 주님의 교회가 이 땅에서, 이 지역에서 그 이름이 창대해져야 하는 줄로 믿습니다. 교회의 이름을 만방에 떨쳐 주시옵소서. 교회가 부흥되기를 원하니, 하나님의 일하심이 크게 나타나게 하시옵소서. 교회에 있는 여러 기관들과 조직들을 통해서 하나님의 일하심이 많아지게 하시옵소서. 그 일하심으로 말미암아 불신자들이 교회로 초청되고, 주님께로 돌아오는 교회가 되게 하시옵소서.

예배의순서, 하나님의 말씀을 듣겠습니다. 말씀을 대언해주시는 목사님을 성령님의 권세와 능력으로 붙들어 주시옵소서.
성가대의 찬양으로 하나님의 성호를 노래하게 하셨습니다. 하나님의 영화로우심을 찬양하는 성가대원들, 향기로운 제물로 받아주시옵소서. 전심으로 찬양을 드려 그 감격으로 ○○의 공동체를 하나님의 영광에 들어가게 하시옵소서.
오늘도 여러 사람들이 교회와 예배를 섬기기 위해서 맡겨진 역할로 봉사합니다. 그들이 여호와께 바쳐질 제물이 되게 하시옵소서.

역경의시련, 오늘도 ○○의 성도들 중에는 역경에 처한 이들이 있습니다. 위기의 상황으로 내몰리게 된 이들에게 하나님의 불쌍히 여기심을 보여 주시옵소서. 하나님께서 그들을 거룩하게 하시려고 역경의 시간을 겪으라 하심이라고 믿습니다. 빈궁함의 경제적으로 고통을 당하는 이들을 불쌍히 여겨주시며, 다니던 직장이 문을 닫아 살아가는 것이 막막해진 이들에게 소망을 갖게 하시옵소서. 어떤 환경에서도 하나님의 손길을 기다리게 해주시옵소서.

예수님의 이름으로 기도드립니다. 아멘

5월 3주, 19일, 성령강림절, 월 - 소만

성령강림절을 맞이했습니다, 하나님.

감사와 찬양, "존귀와 위엄이 그의 앞에 있으며 능력과 아름다움이 그의 성소에 있도다." 아멘(시 96:6) 거룩하고 복 되게 지내오던 하나님의 자녀들에게 주님의 날을 성령강림절로 지키도록 하셨습니다. 여호와를 경외하는 영이 강림하셨음에 감사하며 예배하게 하시옵소서. 진심과 온 마음을 바쳐 예배하게 하시옵소서.

회개와 용서, 성령강림절의 시간을 맞이하면서 성령님께 충만해서 지내지 못했음을 깨닫습니다. 지난 주간에, 성령님과 동행을 하면서 그리스도 예수 안에 있는 은혜 속에서 강해지는 삶을 살지 못했음을 회개합니다. 그리스도 예수의 좋은 군사로 나와 함께 고난을 받는 것도 거절하기를 좋아했음을 회개합니다. 주님께서는 저희들이 자기 생활에 얽매이지 않기를 바라셨지만, 생활에 얽매이며 지냈음을 용서해 주시옵소서.

예배의 기도, 마음 깊은 곳에서 우러나오는 믿음과 감격으로 주님의 이름을 높여드립니다. 하나님의 감동 안에서 사랑으로 하나 되어 영광을 드리는 예배로 진행되게 하시옵소서. 먹고, 살아가는 땅에 것들로 분주하게 지내다 나왔지만 신령한 예배를 드리기 원합니다. 하나님께 자신을 바치는 거룩한 시간이 되게 하시옵소서.

오늘의간구, 성령님께서 임하심으로 능력으로 새롭게 되는 공동체로 이끌어 주시옵소서. 성령님의 오심으로 저희들도 부족함이 없기를 원합니다. 성령님의 인도하심으로 믿음이 더욱 굳건해지고, 하나님을 아는 지식에 자라가며, 하나님의 뜻을 깨달아 실천하는데 지혜롭게 하심을 믿습니다. 성령님께서 이끌어 주시는 대로 순종함을 기쁨으로 여기게 하시옵소서. 성령님의 오심으로 성도들의 보혜사가 되어주시는 하나님의 이름에 찬양을 드리게 하시옵소서.

나라와사회, 동족상잔의 비극이 끝이 난지도 오래 지나도록 통일이 되지 않고 있습니다. 헤어진 혈육을 끝내 만나지 못하고 죽어간 이들의 가족을 불쌍히 여겨주시옵소서. 눈물로 북쪽의 가족을 그리워하는 이들에게 가족이 만나는 기쁜 소식을 들려주시옵소서. 우리나라는 국민적 부활을 언제나 경험하게 될까요? 오직 하나님께 소망을 둡니다.

지교회공동체, 소돔에 대한 진노를 통해서 의인을 찾으신 하나님을 생각하게 하셨습니다. 주님의 피로 세워진 ○○교회, 저희들을 의인으로 삼아주시옵소서, 저희들로 말미암아 하나님 앞에서 민족이 지켜지고, 하나님의 용서가 있어서 진노를 거두심을 누리게 하시옵소서. 저희들의 의를 통해서 이 나라에 하나님의 은혜가 내려지게 하시옵소서.

예배의순서, 저희들에게 주시는 하나님의 말씀을 기다리게 하시옵소서. 말씀을 듣고 단 위에 서신 목사님과 함께 하셔서 생명을 구원하는 능력의 말씀을 전하실 수 있도록 인도하시옵소서.
하나님의 위대하심을 선포하는 ○○성가대원들을 세워 주셔서 감사합니다. 그들이 자신의 마음과 몸을 드려서 하나님을 영화롭게 해드리는 음악으로 찬양을 드리기를 소망합니다.
이 시간에, 예배의 진행을 돕고, 성도들의 편의를 위하여 봉사하는 지체들을 세워주셨음에 감사드립니다. 예배당의 도처에서, 주방에서 수고하는 그들을 복 되게 하시옵소서.

전도와구원, 이 세상에서 마지막 남은 한 사람에게 복음이 전해질 때까지 저희 교회를 보호해 주시옵소서. 우리 모두에게 하나님께서 구원하시기로 작정된 영혼들을 보게 하시옵소서. 그리하여 이 지역의 사람들뿐만 아니라, 모든 이들에게 생명의 말씀을 밝혀 전하는 교회가 되기를 원합니다. 복음을 전하는 소망을 갖게 하시옵소서.

예수님의 이름으로 기도드립니다. 아멘

5월 4주, 26일, 삼위일체주일

삼위일체주일을 맞이했습니다, 하나님.

감사와 찬양, "여호와의 지으심을 받고 그가 다스리시는 모든 곳에 있는 너희여 여호와를 송축하라 내 영혼아 여호와를 송축하라."(시 103:22) 하시니 영광을 받으시옵소서. 주 하나님의 사랑을 입고 지내던 지체들이 나왔습니다. 구원의 주님이신 나의 하나님께 영광을 드립니다. 거룩하다고 구별해 주신 날에, 영과 진리로 예배하기 위하여 나아갑니다.

회개와 용서, 이 시간에, 저희들의 겸손이 부족했음을 깨닫습니다. 그리고 성경대로의 삶을 살아가려 하기 보다는 이제까지의 경험으로 지내려 했음을 고백합니다. 주님을 섬기면서 봉사할 때, 다툼이나 허영으로 하지 말라고 하셨으나 사실은 정반대로 하였습니다. 오직 겸손한 마음으로 각각 자기보다 남을 낫게 여기라는 말씀과는 거리가 멀었던 행동을 용서해 주시옵소서. 저희들의 봉사를 통하여 주님의 기쁨을 충만케 해드리지 못했으니 용서해 주시옵소서.

예배의 기도, 오늘 또 한 날의 생명을 주시니 영광을 받으소서. 진실로 하나님의 구원이 그를 경외하는 자에게 가까우니 감사의 찬양을 받으시옵소서. 하나님의 구속하심에 대한 영광이 저희들에게 머무르리이다. 주님의 이름은 언제까지나 묵상해도 가슴을 뜨겁게 하시니 감사드립니다.

오늘의 간구, ○○의 지체는 지금, 주님의 십자가에서 우리가 주님의 죽으심에 연합한 자가 되게 하셨음을 기억합니다. 주님께서 십자가에서 죄에 대해서 죽으셨으므로 우리 또한 죄에 대하여 죽은 자로 여기게 하셨음에 감사하게 하시옵소서. 십자가로 말미암아 주님 안에서 산 자로 여기게 되었음에 감격하게 하시옵소서.

나라와 사회, 우리나라 대한민국은 하나님의 품에 있음을 믿습니다. 이 세상은 두렵고, 사람들의 강퍅한 마음을 보면서 범죄가 날로 늘어나고 있습니다. 이 나라를 아름답게 해주시옵소서. 이 나라를 믿지 못하고, 하나님을 알지 못하는 이웃들을 불쌍히 여겨주시옵소서. 이 나라 이 민족을 불쌍히 여겨주시기를 간절히 기도드립니다. 저희들의 평안과 행복은 다만 하나님께 있음을 믿습니다.

지교회공동체, 하나님의 거룩한 교회를 위해 직분자들을 따로 구별하셨음에 감사드립니다. 많은 이들 중에, 교회의 영광을 위해서 수고할 일꾼으로 부름을 받았으니 충성하게 하시옵소서. 하늘의 하나님께, 이 땅에서 살아가는 모든 자들을 사랑으로 섬기게 하시옵소서. 하나님 앞에서 착하고 믿음과 성령님께 충만하여 열매를 많이 맺는 직분자들이 되도록 도와주시옵소서.

예배의순서, 오늘도 말씀을 들고 단 위에 서신 목사님을 위하여 간구합니다. 귀한 종에게 사자의 권위와 감화하는 말씀의 능력을 나타내 주시옵소서. 그 말씀으로 고난을 당하신 주님의 증인이 되게 하시옵소서.
○○성가대의 아름다운 찬양이 있는 예배로 하나님께 영광을 돌리게 되며 찬송의 능력을 체험하게 하시옵소서. 예수님을 찬양하고, 하나님을 영화롭게 해드리는 성가대원들에게 은혜를 더하시옵소서.
또한, 누구보다도 이른 시간에 나와서 예배를 돕는 지체들이 있습니다. 저들의 봉사를 하나님은 받으시고 복을 내려 주시옵소서.

연약한지체, 병든 지체를 불쌍히 여겨 주시옵소서. 예배하는 이 시간에, 치유의 역사가 임하여 ○○의 지체들에게 나타나게 하시옵소서. 하나님이 원하시면 지금 당장 치료되고, 낫게 될 것을 믿습니다. 지금은 가슴이 무너져 내리지만, 병든 지체들이 육체에 임한 역경을 통해서 깨닫게 하시는 하나님의 섭리를 배우게 하시옵소서.

예수님의 이름으로 기도드립니다. 아멘

6월 1주, 2일, 수 - 망종, 목 - 현충일

존귀하신 주님을 뵈옵습니다. 하나님.

감사와찬양, "오호라 너희 모든 목마른 자들아 물로 나아오라 돈 없는 자도 오라." 아멘(사 55:1) ○○의 지체들이 주일을 기억하여 거룩하게 지키려고 모였습니다. 머리를 숙인 저희들에게 하나님의 집을 귀히 여기게 하셨으니 감사합니다. 저희들에게 성삼위 하나님의 이름에 합당한 영광을 드리게 하시옵소서.

회개와용서, 하나님께서 날마다 천지가 진동하는 것 같이 강하게 들리도록 말씀하시건만 저희들은 그 말씀에 민감하지 못했음을 회개합니다. 하나님의 음성을 듣는 마음의 귀가 어두워진지 오래되었음을 용서해 주시옵소서. 마음을 비워 하늘에 주목하게 하시옵소서.

현충일에, 하나님 앞에서 나라와 민족, 사회에 대한 저희들의 의무를 생각해 보게 하시옵소서.

예배의기도, 주님의 이름을 높여드립니다. 하나님께서 홀로 왕권을 갖고 계시는 아버지 집을 사랑합니다. 거룩한 아침에 짧게 드리는 예배지만, 하나님께 영광을 드리기를 고백합니다. 한 성령님의 충만하심에 한 가족이 된 성도들이 같은 마음으로 영광을 드릴 때, 거짓이 없는 진실 된 마음으로 예배하게 하시옵소서.

오늘의 간구, 이 시간에, 이 나라와 민족을 위한 많은 몸부림들이 교회를 중심으로 일어나도록 하신 하나님의 일하심을 기억하게 하시옵소서. 여호와의 구원하심이 민족적으로, 국가적으로 나타났음을 마음에 새기면서. 신앙 선배들의 국가관을 저희들의 것으로 삼게 하시옵소서. 모든 불의로부터, 이 나라를 지켜야만 한다는 애국심을 갖기 원합니다. 이 예배로 말미암아 전쟁터에서 숨져간 이들의 죽음에 대한 보답된 삶을 다짐하기 원합니다. 예배하는 은혜를 통해서 하나님께서 좋아하시는 나라를 만드는 일에, 몸과 마음을 바치고자 다짐하게 하시옵소서.

나라와 사회, 나라를 사랑하사, 세워주신 위정자들을 위하여 간구합니다. 나라를 사랑하고, 국민을 위하겠다는 그들에게 현충일의 정신을 갖게 하시옵소서. 그들의 애국애족의 봉사를 통해서 국민들은 행복해지고, 나라는 발전되기를 소망합니다. 그들에게 국가와 국민을 하나님 앞에서 생각하게 하시고, 자신의 이익과 행복보다는 국민들을 위한 봉사자로 정치에 임하게 하시기를 원합니다.

지교회공동체, 하나님의 자비로우심으로 ○○의 지체에게 성도답게 살도록 인도해 주시옵소서. 저희들은 비록 가난하고, 병든 육체를 갖고 살아도, 하늘의 하나님을 바라보게 하시옵소서. 저희 교회에 속한 지체들이 한결같이 주님의 뜻대로 사는 종들이 되기를 소망합니다. 하나님을 영화롭게 해드림에 목적을 두게 하시옵소서.

예배의순서, ○○의 권속을 사랑하사 강단을 푸른 초장으로 삼아주시니 감사합니다. 목사님을 대언자로 세우셔서 하늘 양식의 말씀을 진설하게 하심을 감사합니다. 말씀을 대언하실 때, 성령으로 권세가 있게 하시고, 그 말씀을 아멘으로 받게 하시옵소서.

○○성가대원들이 마음과 몸을 드려 찬양할 때, 하나님의 은혜를 체험하는 복된 자리로 인도해 주시옵소서.

오늘도 많은 이들 가운데 예배를 위한 봉사자들을 세우셨으니 그들에게 복된 봉사가 되게 하시옵소서.

결단의간구, 오늘, 우상을 숭배하지 않겠다는 결단의 은혜를 경험하게 하시옵소서. 오직 유일하신 참 하나님만을 올바르게 인정해드리고, 신뢰하게 하시옵소서. 세상에서 살아가는 동안에, 우리 자신의 유익을 위해서 어떠한 형태로든 하나님의 형상을 만들지 않게 하시옵소서. 오직 하나님으로 지내기를 다짐하게 하시옵소서.

예수님의 이름으로 기도드립니다. 아멘

민족이 그 이름을 높여 드립니다, 하나님.

감사와 찬양, "주의 성도들아 여호와를 찬송하며 그의 거룩함을 기억하며 감사하라."고 하셨습니다. 이 좋은 날에 주님의 이름에 영광을 드립니다. 오늘은 주님께서 정하신 날이라 여호와의 이름을 모든 나라들보다 높은 자리에 올려드려서 찬양하게 하시옵소서. 이 세상에 있는 어떤 나라보다도 경배를 받으셔야 하실 하나님이십니다.

회개와 용서, ○○교회의 지체들에게 여호수아와 갈렙의 은혜를 누리게 하시옵소서. 믿음의 눈으로 가나안 땅을 바라보고 도전했던 용기를 저희들에게도 주시옵소서. 하나님의 약속을 소망으로 바라보고 도전했던 가나안을 정복의 의지를 갖기 원합니다. 저희들에게도 바라보아야 하는 주님의 일이 있음에 감사드립니다.

예배의 기도, 의의 옷을 입은 주의 자녀들을 성소로 불러 주셨음에 감사드립니다. 우리의 발이 영광의 전에 섰사오니 한 목소리로 여호와를 송축합니다. 이 시간에, 영광과 권능을 여호와께 돌리게 하시옵소서. 우리의 예배가 여호와의 이름에 합당한 영광을 하나님께 돌리도록 은혜를 내려 주시옵소서.

오늘의간구, 주님의 교회, ○○교회를 기억하시고, 민족과 세계를 품고 기도할 때 다시금 이 나라에 복음의 불길이 타오르게 하시옵소서. 저희 교회가 살아남으로 이웃이 살게 하시고, 죽어가는 수많은 영혼들을 주 앞으로 인도하는 구원의 방주가 되게 하시옵소서. 민족을 사랑하는 교회, 이웃과 더불어 지내는 교회로 이끌어 주시옵소서.

나라와사회, 저희들 모두에게 하나님 앞에서 의인으로 세워져 이 나라를 지키게 하시옵소서. 예수님께서 십자가로 이루어주신 평화를 누리며 살아갈 수 있도록 인도하여 주시옵소서. 반목과 갈등으로 위기에 처한 이 땅을 불쌍히 여기사 주님의 사랑이 넘치도록 하시옵소서. 암울한 현실이라 할지라도 하나님은 저희들의 기도를 외면하지 않으심을 믿습니다.

지교회공동체, ○○의 공동체를 축복합니다. 사랑하는 주의 자녀들, 하나님께서 베풀어 주신 은혜에 감사로 나아가 믿음의 고백을 드리게 하시옵소서. 아울러 오늘에까지 인도해 주시고 함께 하신 하나님의 이름에 영광을 바치게 하시옵소서. 오늘, 오직 유일하신 참 하나님만을 올바르게 인정해드리고, 신뢰하게 하시옵소서. 하나님을 믿을 때, 성경대로 믿게 하시며, 하나님께 순종할 때, 말씀을 기준으로 삼아 준행하게 하시옵소서.

예배의순서, 하나님의 말씀을 들려주시옵소서. ○○교회가 말씀이 풍성한 교회가 되도록 이끌어 주시옵소서. 말씀을 대언하실 목사님을 영과 육적으로 강건하게 하셔서 권세와 능력으로 전하시게 하시옵소서.

○○성가대의 아름다운 찬양이 있는 예배로 하나님께 영광을 돌리게 되며 찬송의 능력을 체험하게 하시옵소서. 귀한 지체들이 하나님의 은혜로 살아오고 있음에 그에 대한 응답으로 예물을 준비해 왔으니 믿음으로 드리게 하시옵소서.

누구보다도 이른 시간에 나와서 예배를 돕는 지체들이 있습니다. 저들의 봉사를 하나님은 받으시고 복을 내려 주시옵소서.

역경의시련, 대지의 수은주가 올라가고, 여름의 무더위가 시작되고 있습니다. 우리 교회의 연로하신 어르신들과 병으로 고생하는 환우들이 더워지는 날씨로 고통이 더해지지 않기를 원합니다. 그들의 몸을 강건하게 하셔서 무더위에도 건강을 잃지 않고 지내시도록 도와주시옵소서. 더위를 견디실 때, 성령님께서 연약함을 강건하게 해주시고, 심령을 시원하게 하시옵소서.

예수님의 이름으로 기도드립니다. 아멘

6월 3주, 16일, 금 - 하지

영광과 존귀를 돌립니다, 하나님.

감사와찬양, "오직 너희의 하나님 여호와께 가까이 하기를 오늘까지 행한 것 같이 하라." 아멘(수 23:8) 복된 날 아침에, 자기의 처소에서 흩어져 지내던 지체들이 주님의 집으로 모였습니다. 하나님께서 지키도록 구별해 주신 여호와의 성일을 기뻐합니다. 예배할 때, 여호와의 인자하심이 영원하심을 찬양하게 하시옵소서.

회개와용서, 하나님의 자녀가 되게 하시고, 하늘나라를 바라보게 하셨으나, 여전히 땅의 것을 구하며 지냈던 지난 시간을 회개합니다. 땅의 것에 집착해서 저희들의 소망이 되신 주님을 붙잡는 데는 무관심한 죄인들이었습니다. 천국 백성이 된 삶의 원리에 따라 서로 돌아보아 사랑과 선행을 격려하지 못한 죄를 용서해 주시옵소서.

예배의기도, 예배하면서 우리의 왕이 되셔서 만물을 지배하는 권능을 갖고 계신 하나님의 이름에 찬양을 드리기 원합니다. 하나님은 우리의 아버지시라 선한 것은 무엇이든지 우리에게 주시기를 원하심을 믿는 믿음의 고백을 드리게 하시옵소서. 아울러 저희들이 기도에 응답을 받을 때마다 하나님의 이름에 영광을 바치게 하시옵소서.

오늘의간구, ○○의 지체, 주님의 신부로서 순결하게 살고 규모 있게 살고, 은혜를 보게 하시옵소서. 저희들의 몸과 영혼은 성령님께서 거하시는 전임을 잊지 않게 하시옵소서. 어떤 불륜도 금하게 하시며, 말이나 생각, 행동에 더러운 것을 즐기려 함을 물리치게 하시옵소서. 주님 앞에서 신부 단장을 하여 거룩한 공동체를 지키게 하시옵소서.

나라와사회, 저희를 천국의 백성으로 삼아 주시고, 동시에 대한민국의 국민으로 살아가게 하셨습니다. 이 땅에서 살아가는 것은 천국 백성이 세상으로 파송되었다고 깨닫습니다. 나라를 사랑하게 하시며, 나라를 위하여 기도하게 하시옵소서. 기도를 드림으로써 나라에 참여하는 것인 줄로 깨닫습니다. 국민의 역할을 받들어 섬기게 하시옵소서.

지교회공동체, 저희들에게 여호와 앞에서 순종의 은혜를 내려 주시옵소서. 우리 교회가 하나님께 대하여 순종의 공동체가 되게 하시옵소서. 하나님의 말씀에 순종해서 세상을 섬기는 저희들로 삼아주시옵소서. 하나님이 사랑으로 세상에 소금이 되어 빛을 드러내게 하시옵소서. 이로써, 향기로운 제사의 삶으로 바쳐지는 제물이 되게 하시옵소서.

예배의순서, ○○의 공동체에 예배의 은혜로 말미암아 오직 하나님만을 의지하려는 믿음이 더욱 굳세어지게 하시옵소서.

○○의 강단에 기름을 부어주시고, 성령님으로 충만하게 하시옵소서. 말씀을 전하실 목사님께서 예비하신 복음을 선포하도록 하시옵소서. 하나님의 말씀에 저희들 모두 아멘으로 대답하게 하시옵소서.

○○성가대의 아름다운 찬양이 있는 예배로 하나님께 영광을 돌리게 되며 찬송의 능력을 체험하게 하시옵소서.

교회를 위해서 종들을 세우시고, 섬기게 하셨습니다. 이른 시간에 나와서 예배를 돕는 봉사를 하나님은 받으시고 영광을 받으시옵소서. 그들에게 충성으로 기뻐하게 하시옵소서.

전도와구원, 생명구원의 역사를 보기를 합니다. 우리 교회가 복음을 전해서 잃어버린 영혼을 구원하기 원하니 전도의 심장을 주시옵소서. 이미, ○○의 권속들은 영혼을 살리는 일에 헌신하기를 다짐하였습니다. 죄 가운데서 죽어가는 자들을 구원에로 이끌어 하나님의 나라가 확장되기를 원하시는 뜻을 이루어 드리게 하시옵소서.

예수님의 이름으로 기도드립니다. 아멘

6월 4주, 23일, 한국전쟁일예배, 화 - 한국전쟁일

한국전쟁일예배로 지킵니다. 하나님,

감사와찬양, 여호와의 이름을 두려워하며, 여호와의 성호를 영화롭게 하며 살아온 저희들이 예배하러 모였습니다. ○○의 권속이 "오직 주만 거룩하시다."라고 고백할 때, 영광을 받으시옵소서. 만방에 있는 하나님의 백성으로 경배하게 하시옵소서.

회개와용서, 모든 것이 주께로부터 왔음에 하나님께 드리는데 인색하지 말았어야 하는데 그렇게 하지 못했음을 용서해 주시옵소서. 자신의 욕심을 채우려는 습관에서 벗어나지 못하여 땅의 것들을 더 가지려는데 애쓰는 삶이었습니다. 죄를 고백할 때, 주홍 같이 붉었던 죄가 씻어지고 흰 눈처럼 희어진 것을 믿습니다.

예배의기도, 오늘, 예배하러 오면서 우리 교회가 이 지역에 세워져 있음에 감사하는 마음이었습니다. 죄 사함을 받은 은혜로 예배하기를 원합니다. 소제를 받으시고, 번제를 거두시는 하나님께 자신을 바치는 예배의 거룩한 시간이 되게 하시옵소서. 영광을 하늘에 올려 드립니다. 저희들이 이 날에 예배함으로써 하나님의 영광을 세상에 선포하게 하시옵소서.

오늘의간구, 한국전쟁의 아픔을 기억하면서 예배하는데, 우리 하나님의 이름을 송축합니다. 우리를 주님의 피로 구원하시고, 속량해주신 그날부터 지켜주시니 주님의 이름은 영화롭습니다. 구원의 이 민족을 사랑하셔서 나라를 위하여 자신을 희생한 이들이 있게 하신 여호와를 바라봅니다. 저희들에게 나라와 자기의 목숨을 바꾼 선배들을 주심을 감사합니다. 조국을 위하여 불의와 싸우다 자신의 목숨을 바친 이들의 정의를 본받는 한 시간으로 삼게 하시옵소서.

나라와사회, 이 시간에, 남북의 평화를 위하여 기도하게 하시니 감사합니다. 지금, 우리는 남과 북이 증오심을 품고, 적대적인 분단 상태로 살아가고 있습니다. 우리는 곧 오리라는 통일의 소망조차 품지 못하고 살아가고 있습니다. 식민지 시대에도 임의로 오갔던 길들이 지금은 모두 막혀있습니다. 우리 민족을 사랑하사 삼천리금수강산 온 누리에서 통일의 합창을 준비하게 하시옵소서.

지교회공동체, 약속하셨던 대로 저희들에게 성령님을 보내주신 여호와께 찬양을 드립니다. 성령님의 임재로 은혜의 바다로 나가게 하셨으니, 아버지의 사랑에 촉촉이 젖게 하시옵소서. 이미 오신 성령님께서 영원토록 저희와 함께 있으심을 믿을 때, 심령이 든든해짐을 고백합니다. 예배하는 저희들에게 진리의 영으로 충만하게 하시옵소서.

예배의순서, 여호와의 백성을 위해서 말씀을 준비해 주셨음에 감사드립니다. 말씀을 선포하실 목사님께 영력을 더하여 주셔서 하나님의 구원하심을 보는 복된 시간이기를 원합니다.

오늘도 주님을 영화롭게 해드리는 ○○ 성가대를 세우셨으니, 예수님을 구주로 믿는 무리들이 한 마음으로 하나님을 찬양하며 예배하도록 하시옵소서.

이 예배가 오직 영과 진리로 드려지기 위해서 봉사하는 종들이 섬기고 있습니다. 예배하는 한 시간과 교회를 위해서 그들이 더욱 충성스럽게 감당하게 하시옵소서.

연약한지체, 이 시간에, 가엾은 이들을 위하여 간절히 구합니다. 병든 자들을 불쌍히 보시고, 치료해 주시기를 즐거워하셨던 주님의 은혜를 구합니다. 갈보리의 십자가에서 흘리셨던 보혈로 병들어 고생하는 이들의 상처를 치료하며 고쳐 낫게 하시옵소서. 고통을 받는 주의 백성들에게 긍휼의 옷을 입혀 주시옵소서.

예수님의 이름으로 기도드립니다. 아멘

6월 5주, 30일, 토 - 소서

거룩하신 이름에 무릎을 꿇습니다, 하나님.

감사와 찬양, "여호와를 찬송하라 여호와는 선하시며 그의 이름이 아름다우니 그의 이름을 찬양하라."(시 135:3) 하시니 찬송으로 예배를 시작합니다. 예배하러 모인 ○○의 지체들을 거룩하게 하시옵소서. 이 전에 모인 이들마다 감사로 고백하는 입술을 열어 하나님의 높으심을 찬양하게 하시옵소서. 성삼위 하나님께만 영광을 드리게 하시옵소서.

회개와 용서, 아버지 하나님께서는 저희들에게 열심히 살게 하셨습니다. 그렇지만 저희들은 속된 것이나 거룩한 것을 구별하지 못 하고, 분주히 살아왔습니다. 이 시간에, 하나님의 자비로우심으로 저희를 받아 주시옵소서. 여호와께 의롭지 못하였던 허물을 용서해 주심을 빕니다.

예배의 기도, ○○의 지체들이 여호와는 광대하시니 극진히 찬양을 올려 드립니다. 하늘을 지으신 여호와를 예배하는 한 시간이 되게 하시옵소서. 하늘에 시민권을 둔 백성으로 살아가는 것을 즐거워하면서 예배하게 하시옵소서. 예배의 순서가 진행될 때, 하나님의 영광이 만방에 선포되기를 빕니다.

오늘의간구, 구원을 받는 지체가 날마다 더해지기를 원합니다. 예수님의 참된 터 위에 저희 교회를 세우셨으니, 세상에서 방황하던 심령들이 다 교회에 나와서 쉼과 평안을 얻는 은혜를 누리게 하시옵소서. 죄 가운데 빠져있는 심령들이 죄 사함을 받고 구원을 얻는 구원의 방주가 되게 하여 주시옵소서.

나라와사회, 우리나라에는 나라를 위해서 자기 목숨을 돌아보지 않은 선조들이 많이 있도록 하셨음에 감사합니다. 그들 중에는 신앙선조들이 나라와 백성을 위하여 자기를 드렸다는 것을 기억합니다. 저희들은 그들의 나라사랑과 헌신을 본받게 하시옵소서. 우리 민족을 사랑하는 저희들이 되게 하시옵소서. 하나님의 뜻에 순종하여 먼저 헌신하는 저희들이 되게 하시옵소서.

지교회공동체, ○○의 권속에게 교회부흥에 대한 비전을 주시며 하나님의 영광을 구하게 하셨음을 믿습니다. 부흥을 통해서 세상을 사랑하시는 하나님의 사랑을 더욱 드러내게 하시옵소서. 한 사람에게라도 더 복음을 전하는 교회로 부흥시켜 주시옵소서. 주님의 교회가 이 땅에서 그리스도의 향기를 풍기며. 예수님의 향기가 되게 도와주시옵소서. 우리 교회가 있는 이곳에서 없어서는 안 되는 구원의 방주가 되게 하시옵소서.

예배의순서, 목사님께 신령한 은혜를 더하여서 생명의 말씀으로 대언하게 하시옵소서. 목사님의 입술에서 말씀이 전해질 때, 저희들의 심령을 새롭게 하시는 말씀이 선포되기를 원합니다. 그 말씀으로 주저앉았던 저희들이 다시 일어나는 체험을 주시옵소서.
여호와의 영광이 예배당에 선포되도록 성가대를 세워주셨습니다. ○○성가대원들이 수확의 기쁨과 그 은혜를 찬양으로 표현하는 노래로 영광을 바치게 하시옵소서.
예배를 위하여 봉사하는 지체들의 교제와 세워주신 각 기관을 위하여 이름 없이 섬기는 일꾼들에게도 주일의 복을 내려 주시옵소서.

십자가은혜, 저희들에게 이 땅에서 살아가는 동안에 승리의 삶을 살도록 주신 병기가 있다면 십자가의 은총인 줄로 믿습니다. 하나님을 향한 십자가의 은혜는 어떤 경우에도 이기게 하실 것입니다. 그 은총에 감사하면서 믿음, 소망, 사랑을 복으로 여기게 하시옵소서. 십자가로 말미암아 하나가 되는 은혜를 내려 주시옵소서.

예수님의 이름으로 기도드립니다. 아멘

7월 1주, 7일, 맥추감사절

맥추절을 맞이했습니다, 하나님.

감사와찬양, 복 된 날로 정해주신 시간에, ○○ 교회에 모여 하나님을 예배합니다. 오늘은 맥추감사절을 맞이하여 거두어들인 것들로 인하여 감사할 때, 여호와의 은혜에 합당한 영광을 드리는 한 시간이 되게 하시옵소서. 저희들의 예배를 받으시어 하나님은 유일하신 주권자이심을 선포하시옵소서. 하나님께 능력을 돌리는 ○○ 교회가 되게 하시옵소서.

회개와용서, 돌이켜 볼 때, 저희들의 감사가 모자랐음을 고백합니다. 하나님의 은혜가 헤아릴 수 없이 컸음에도 불구하고, 감사의 응답에는 부족했음을 뉘우칩니다. 감사가 인색했음을 용서하시고, 이제라도 받은 은혜에 남김이 없는 감사로 나아가게 하시옵소서. 기쁘고 즐거워하는 마음을 주시옵소서.

예배의기도, 우리 하나님의 영광이 이 교회에 있으니, 그 보좌는 하늘에 있습니다. 하나님의 친 백성으로 삼아주신 ○○의 지체들이 이제부터 영원까지 여호와를 송축하게 하시옵소서. 영광과 권능을 여호와께 돌리게 하시옵소서. 여호와를 찾는 자는 그를 찬송한다고 하신 말씀을 묵상하게 하시옵소서.

오늘의 간구, 맥추감사절, 하나님께서 저희들에게 베풀어 주신 은혜를 기억하기 원합니다. 올해의 첫 소출로 사람의 마음을 힘 있게 하는 양식을 주신 하나님께 예배를 드리려 모였습니다. 하나님께서 샘으로 골짜기에서 솟아나게 하시고 산 사이에 흐르게 하셔서 밭의 곡식들을 거두게 하시니 감사드립니다. 그렇게 춥던 겨울에도 보리를 자라게 하사 거두어들였습니다. 오늘의 풍성함을 교회에서는 믿음의 지체들, 교회 밖에서는 이웃들과도 나누게 하시옵소서.

나라와 사회, 이제, 저희들은 본격적으로 접어든 장마철로 지내게 됩니다. 우주만물을 다스리시는 하나님께서 주신 이 절기를 슬기롭게 지내게 하시옵소서. 오랜 비로 말미암아 일을 해야 하는데 그렇지 못한 이들을 보호하시고, 논과 밭에는 빗물로 말미암은 수해를 입지 않도록 지켜 주시옵소서. 저희들을 좀 더 부지런하게 하사, 장마를 이겨내게 하시옵소서.

지교회 공동체, 우리 ○○교회가 말씀 가운데 부흥하는 교회, 성령님께서 함께 하시는 교회가 되기를 소망합니다. 여호와께 존귀한 성도를 굽어 살펴주시옵소서. 평강이 넘치고 은혜로운 공동체로 인도해 주시옵소서. 세상에서 부대끼고 지친 곤한 영혼, 연약한 모습 이대로 주님께로 나왔습니다. 사랑하는 지체들을 품에 안아주시옵소서.

예배의순서, 강단에서 증거 되는 목사님의 대언이 저희를 배불리 먹이시는 하나님의 손길을 선포하는 말씀이 되게 하시옵소서. 하나님의 말씀이 선포될 때, 온 회중은 마음의 문을 활짝 열게 하시옵소서.

성가대원들은 성령님께 충만하게 하셔서 하나님께 영광을 드리고, 저희들에게도 은혜가 되기를 빕니다.

하나님을 영화롭게 해드림의 소원을 품고 있는 지체를 구별하사, 예배위원으로 섬기게 하셨습니다. 그들이 성령님께서 감동하시는 은혜를 통해서 감당하게 하시옵소서.

결단의 간구, ○○의 권속이 하나님을 아버지로 부르게 하신 은혜에 대한 감격이 풍성하게 하시옵소서. 주님으로 말미암아 하나님을 우리의 아버지로 부르게 하셨음을 잊지 않게 하시며, 하늘 아버지로 인하여 기뻐하게 하시옵소서. 하나님의 자비하심, 하나님의 긍휼히 여기심, 하나님을 묵상하고, 연구하기를 결단하게 하시옵소서.

예수님의 이름으로 기도드립니다. 아멘

마음과 뜻을 드립니다, 하나님.

감사와찬양, 하나님의 사랑으로 지내던 이들이 여호와의 이름 앞에 머리를 숙였습니다. 오늘, 우리 하나님께 예배하기를 기다려 온 지체입니다. 여호와 우리 하나님을 높여 그의 발등상 앞에서 경배를 드리게 하시옵소서. 이 예배로 하나님의 거룩하심을 만방에 선포하게 하시옵소서. 여름이 뜨거워지는 만큼 하늘에서는 하나님께 영광이 되시기를 빕니다.

회개와용서, 주님께서는 사랑으로 오셨지만 저희들은 주님의 사랑으로 살지 못했습니다. 용서해 주시옵소서. 저희를 사랑에서 자유롭게 하시옵소서. 십자가에서 나타났던 주님의 사랑을 가지고 모든 사람을 사랑하게 하시옵소서. 원수도 사랑하지 못하였고, 원수를 위해 기도하지 못했던 사랑이 없었던 삶을 용서해 주시옵소서. 주님께로부터 사랑을 받은 그대로 이웃에게로 나아가게 하시옵소서.

예배의기도, "너희는 시온에 계신 여호와를 찬송하며 그의 행사를 백성 중에 선포할지어다." 아멘. 지금, 하늘에서 여호와를 찬양하며, 높은 데서 찬양을 하는 소리가 들려옵니다. ○○의 지체를 모이게 하셨으니 여호와께 찬양을 드리게 하시옵소서. 이로써 하늘에서와 같이 땅에서도 우리 하나님의 이름이 높임을 받게 하시옵소서.

오늘의 간구, 하나님 앞에서 저희들 자신에게 솔직해지는 은혜를 내려 주시옵소서. 자기 자신의 무기력함과 무능력을 인정하게 하시옵소서. 하나님 앞에서 자신을 과장시키지 않으며, 겸손하게 하시옵소서. 오직 하나님만이 저희들에게 힘이 됨을 감사하게 하시옵소서. 결코, 하나님 없이 나 혼자서 할 수 있다는 자만심을 갖지 않게 하시옵소서.

나라와 사회, 여전히 어수선한 정국입니다. 여당과 야당에서 자신들의 정당의 유익과 정권을 놓고 참으로 시끄럽습니다. 정치의 현장에서 자기들의 주장과 상대를 넘어뜨리려는 대결만 보이고 있습니다. 저희들은 이 나라의 주권이 하나님께 있음을 믿습니다. 정치를 하는 이들에게 나라를 사랑하는 마음으로 충성하게 하시옵소서.

지교회 공동체, 오늘, 교회가 사람만 모인 집단이 아니고, 성령님께서 임재하시는 거룩한 자리가 되게 하시옵소서. 복음의 빛을 진 자로의 사명을 게을리 하지 않는 교회가 되게 하시옵소서. 여기에서 하나님의 나라가 이루질 때까지 기도하는 저희들이 되게 하시옵소서.

예배의순서, 오늘. 저희들에게는 이 백성을 향하신 하나님의 말씀을 기다리게 하시옵소서. 말씀을 듣고 단 위에 서신 목사님과 함께 하셔서 생명을 구원하는 능력의 말씀을 전하실 수 있도록 인도하시옵소서.

하늘에 계신 하나님의 위대하심을 선포하는 ○○성가대원들을 보아주시옵소서. 그들이 신령과 진정의 예배와 하나님을 영화롭게 해드리는 음악으로 어우러진 최상의 찬양을 드리기를 소망합니다.

오늘도 자원하는 심정을 갖고, 맡은 자리에서 예배의 진행을 돕는 손길들에게 은혜를 더하여 주시옵소서. 그들의 헌신이 하나님께 영광이 되게 하시고, 교회에는 은혜가 충만하게 하시옵소서.

역경의시련, ○○의 공동체를 위하시는 하나님의 자비하심에 감사합니다. 연약하여 주저앉고 지쳐서 쓰러져 있는 지체에게 소망을 잃지 않고, 하나님의 약속을 굳게 잡도록 하시옵소서. 천국을 바라보고, 하나님의 인도하심을 바라는 소망을 갖기를 원합니다. 처음 가졌던 소망을 나중까지 계속 갖고 있게 하시옵소서. 때로는 어렵게 하고, 힘들지만 소망으로 이기게 하시옵소서.

예수님의 이름으로 기도드립니다. 아멘

7월 3주, 21일, 월 - 대서, 목 - 중복

이 교회에 영광이 가득합니다. 하나님.

감사와 찬양, 저희들에게 하나님의 강권하시는 은혜를 누리게 하시고, 성령님의 충만하심을 주시옵소서. 입을 벌려 찬송을 드리게 하시옵소서. 우리를 죄에서 구원해주신 주님의 이름을 높이게 하시옵소서. 하나님을 영화롭게 해드림에 마음을 다 드리게 하시옵소서.

회개와 용서, 하나님께서 저희들을 자녀로 삼아주심은 주 안에서 항상 기뻐하도록 하심이셨으나 기뻐하지 못하였습니다. 순간, 순간에 눈으로 보이는 환경에 마음을 내어주고 말았습니다. 기쁨보다는 분노와 화로 지내왔고, 그리스도인의 관용에서는 먼 생활을 해왔음을 회개합니다. 구원은 원하면서도 구원을 주신 예수님을 따르기에는 스스로 거북해한 저희들입니다. 용서해 주시옵소서.

예배의 기도, 하나님의 성호를 자랑하며 그 행사를 선포하기 위하여 모였습니다. 희생 제물이 되신 예수님을 찬양합니다. 그리스도의 보혈로 씻음 받고, 주님 앞으로 나왔습니다. 교회와 성도들이 주님의 능력과 사랑으로 충만하게 하시옵소서. 저희들의 생각이나 행동이 오직 하나님께만 집중하는 예배가 되기를 원합니다.

오늘의간구, 오늘, 하나님을 찾은 지체들에게 단 한 사람도 거저 왔다가 거저 가는 이가 없기를 빕니다. 예배 중에 하나님의 사랑을 나누며, 성도의 교제로 사랑을 실천하는 은혜로운 예배가 되게 하시옵소서. 사실, 저희들은 부족한 가운데서 나왔으니 하나님의 능력으로 채워주셔서 승리자의 반열에 세워 주시옵소서.

나라와사회, 존경을 받아야 될 이들이 교묘하게 법을 악용하여 사회를 아프게 하고 있습니다. 소수의 사람들이 탐욕을 획책하여 사회 곳곳을 병들게 하였습니다. 가진 자들의 악행으로 갖지 못한 자들의 고통이 증가하고 있습니다. 이 사회를 불쌍히 여겨 주시옵소서. 불의한 자들이 득세하고, 기회를 노려서 악한 일을 자행하는 자들이 여기저기에 있습니다. 이 나라를 정의롭게 해주시옵소서.

지교회공동체, 사랑하는 성도들에게 주님의 몸을 이루어 성전을 세우게 하시옵소서. 하나님의 사랑과 은총이 빛으로 나타나는 공동체가 되기를 원합니다. 저희들이 살아가는 동안에, 사랑으로 섬겨야 될 이웃을 얕잡아보거나 모욕하지 않게 하시옵소서. 아무리 분노가 치밀어도 복수에 불타는 마음을 끊어버리는 은혜에 충만하기를 빕니다. ○○의 공동체가 이웃에 대하여 인내와 화평과 온유와 자비와 우정으로 섬겨 하나님의 영광을 구하게 하시옵소서.

예배의순서, 베풀어 주시는 신령한 식탁으로 천국 잔치의 기쁨을 누리는 한 시간이 되게 하시옵소서. ○○의 강단에서 생명의 말씀이 선포되게 기름을 부어주시옵소서. 말씀에 봉사하시는 목사님을 더욱 더 신령하게 세워주시옵소서. 그에게 말씀의 능력을 내려 주시옵소서.

하나님의 영화로우심을 찬양하는 성가대원들, 향기로운 제물로 받아주시옵소서. 전심으로 찬양을 드려 그 감격으로 ○○의 공동체를 하나님의 영광에 들어가게 하시옵소서.

예배를 위해서 일꾼들을 세우셨습니다. 선택을 받은 그들을 영적인 의미에서 레위의 후손으로 삼아주시고, 거룩한 헌신을 받으시옵소서.

전도와구원, ○○교회가 지역사회 안에서 그리고 우리나라에서 확장되는 하나님의 나라를 경험하기를 원합니다. 성도들 모두에게 하나님의 나라에서 주체가 되어 봉사하게 하시옵소서. 교회로 모일 때, 교회 밖의 사람들에게 관심을 갖게 하시며, 세상으로 흩어질 때는 주님의 제자를 만드는 사역에 헌신하게 하시옵소서. 주님께서 구원하시기를 원하시는 사람들에게로 마음을 열어 주시옵소서.

예수님의 이름으로 기도드립니다. 아멘

두려움으로 머리를 숙였습니다. 하나님.

감사와 찬양, "이는 그가 사랑하시는 자 안에서 우리에게 거저 주시는 바 그의 은혜의 영광을 찬송하게 하려는 것이라."는 말씀으로 여기에 모였습니다. 성소에서 하나님을 찬양하고, 그의 권능의 궁창에서도 찬양을 드리기를 원하는 ○○의 권속이 머리를 숙이게 하시옵소서. 크고 위대하심에 영광을 드리는 한 시간으로 이끌어 주시옵소서.

회개와 용서, 저희들에게는 진실함도 없고 정직함도 없이, 잘 되기만 바래왔습니다. 천국 백성이 되었다는 사실에는 자존감을 세우면서도, 주님의 사람으로 살아가는 데는 스스로 게을렀습니다. 용서해 주시옵소서. 욕심으로 얼룩져진 저희들을 불쌍히 여겨 주시옵소서. 하나님 앞에서 스스로 성결케 하고, 주님께서 주시기까지 기다리도록 인도해 주시옵소서. 그리고 주님께서 주시려는 것을 받으려 하게 하시옵소서.

예배의 기도, 주님의 은혜를 헤아리면서 감사의 예물을 넘치도록 드리기 원합니다. 그리고 오늘, 예배하는 시간에, 우리가 어떤 모습으로 살아왔는지를 돌아보게 하시옵소서. 주님의 몸이 된 교회 안에서 한 공동체를 이루게 하시옵소서. 저희들을 위해서 준비하신 하늘의 은혜를 받게 하시옵소서.

오늘의간구, ○○의 권속에게 하나님의 나라를 위하여 헌신할 수 있는 복을 내려주시옵소서. 예배에 내려주시는 복으로 저희들의 삶이 은혜롭게 될 것을 믿습니다. 하나님의 백성으로 거룩하게 살아 갈 수 있게 하시옵소서. 하나님 앞에서 복된 자가 된 저희들의 발길로 인하여 세상에서 하나님의 나라가 확장되게 하시옵소서.

나라와사회, 주님의 몸 된 교회가 고통을 당하는 이웃을 위하여 더욱 기도하게 하시옵소서. 이 민족을 사랑하고, 국가를 위하여 기도하는 책무를 거룩하게 여기게 하시옵소서. 주님만이 길이요 진리요 생명 되심을 이 백성에게 증거 할 수 있도록 은총을 더하여 주시옵소서. 우리 교회가 나라와 지역사회 속으로 들어가 기도하기를 원합니다.

지교회공동체, 저희들이 무엇을 하여 주님의 영광을 나타낼 수 있는지 알려 주시옵소서. 하나님의 뜻을 이루어 드리는 손과 발이 되게 하시옵소서. 성경의 사람들이 믿음으로 살았던 것처럼 저희들에게도 그 길을 가게 하시옵소서. 세상을 위하여 일을 하신 하나님의 손길을 찬양하는 복된 예배로 인도해 주시옵소서.

예배의순서, 이 좋은 시간에 권속에게 은혜를 주시려고 목사님을 단에 세우셨음에 감사드립니다. 그의 입술을 성령님께서 주관하셔서 이 백성들이 말씀을 듣게 하시옵소서.

○○성가대의 귀한 지체들이 여호와의 영광을 찬양하려 합니다. 그들의 성대를 거룩하게 하시고, 오직 하나님의 이름에 합당한 노래를 드리게 하시옵소서. 성가대의 찬양을 통해서 하나님께는 영광이 드려지고, 혹시 찬송의 힘을 잃은 회중들이 힘을 얻기를 원합니다.

하나님을 경외하고, 예배를 위하여 자원하는 심정을 가지고, 봉사하는 손길들에게 은혜를 더하여 주시옵소서.

연약한지체, 질병으로 고통을 당하고 있는 지체를 불쌍히 여겨 주시옵소서. 원하지 않는 질병으로 사투를 벌이고 있는 지체, 하나님의 이름을 경외하는 환우들에게 공의로운 해가 떠올라서 치료하는 광선을 비추어지는 은혜를 구합니다. 지금은 병상에 누워있으나 고침을 받아 외양간에서 나온 송아지 같이 뛰게 하시옵소서. 질병의 고통을 통해서 주님께 더 가까이 가는 계기가 되게 하시옵소서.

예수님의 이름으로 기도드립니다. 아멘

8월 1주, 4일, ㊌ - 입추

영혼을 깨워 찬송을 드립니다, 하나님.

감사와 찬양, 온 성도들이 여호와 앞에 엎드려 예배하기를 원합니다. 분주해야만 하였던 일상의 삶을 쉬고, 종일을 예배하는 시간으로 보내려 합니다. 참 안식의 하루를 온전히 주님께 드리려고 모였습니다. 이 시간에, 찬양과 경배를 주님께 드립니다. 아직은 무더위와 땡볕이 힘들게 하지만 입추를 바라봅니다. 여름에 보호해 주셨음을 감사하면서 예배로 나아갑니다.

회개와 용서, 돌이켜볼진대, 좀 더 낫게 살아보려고, 조금은 가진 자로 살아보려고 애를 쓰다가 하나님 앞에서 화평을 잃었음을 고백합니다. 하나님과의 관계가 흔들리니, 사람들과의 관계에서도 삐걱거리던 시간이었습니다. 예수님의 피로 이루어주신 화평을 잃어버린 것을 용서해 주시옵소서.

예배의 기도, 오늘의 예배는 하나님께 드려지는 최상의 아름다움이기를 원합니다. 예배의 순서로 말미암아, 하나님께 영광을 지극히 나타내게 하시옵소서. 모든 이들이 하나님을 영화롭게 해드림에만 주목하게 하시고, 찬양하는 시간으로 이루어지게 하시옵소서. 순서를 맡은 종들은 먼저 몸으로 예배하게 하시옵소서. 회중의 찬양을 흠향하시고, 저희들은 그 은혜로 들어가게 하시옵소서.

오늘의 간구, 사랑하는 지체에게 날마다 우리의 죄성을 깨닫게 하시옵소서. 사죄와 칭의의 보장이 되어주신 주님의 은혜로부터 멀어지지 않게 하시옵소서. 성령님의 은혜로 말미암아 하나님의 형상 안에서 새롭게 지어져가는 ○○의 가족이 되는 것을 소망하게 하시옵소서. 저희들 모두 다 여호와의 이름을 찬양하는 복스러운 예배에 들어가게 하시옵소서.

나라와사회, 저희들에게 조국으로 주신 나라, 대한민국을 사랑하게 하시옵소서. 하나님께서 눈동자와 같이 지켜주시는 이 나라를 지키는 저희들이 되게 하시옵소서. 대한민국이 하나님을 기업으로 삼은 나라가 되게 하시옵소서. 이 나라 방방곡곡에서 하나님께 찬양을 올려드림이 있게 하시옵소서. 소가 구유를 아는 것처럼 이 나라의 백성이 하나님께로 돌아가 섬기게 하시옵소서. 하나님의 나라로 삼아주시옵소서.

지교회공동체, 주님의 피 묻은 십자가를 언제나 사랑하게 하시고, 주님께서 받으셨던 사랑의 잔을 이제 저희가 받게 하여 주시옵소서. 주님의 사랑을 기억하며 다른 이들의 가슴에도 주님의 사랑을 심을 수 있도록 축복하여 주시옵소서. 생명과 자유를 주신 주님을 함께 찬양할 수 있는 교회가 되게 하여 주시옵소서.

예배의 순서, 하나님의 말씀으로 저희들을 권면해 주시옵소서. 단 위에 세우신 목사님께는 말씀을 전하실 때 능력 있는 말씀 되게 하시며, 저희들은 의로 교육하기에 충분한 은혜를 받게 하시옵소서.

성가대의 찬양을 기쁘게 받아 주시며, 예배드리는 저희들 모두가 같은 마음으로 찬양하게 해주시옵소서. 성가대원들이 몸을 드리는 아름다움으로 예배를 더욱 영화롭게 하시옵소서.

오늘, 예배를 위하여 봉사하는 이들이 아론의 후손이 되어 예배의 진행을 돕게 하시옵소서. 예배의 진행으로 우리교회에 하나님의 영광이 가득하게 하시옵소서.

결단의 간구, ○○의 지체들에게 섬김의 은혜를 내려 주시옵소서. 성령님의 충만하심으로 서로를 섬김으로써 주님의 몸을 이루는 교회가 되게 하시옵소서. 갈보리에서 보여 진 섬김의 은혜로 교회를 세우는 저희들이 되게 하시옵소서. 교회 공동체에서 섬김으로 자기의 역할을 완수하게 하시며, 지체를 서로 섬기려는 결단을 하게 하시옵소서.

예수님의 이름으로 기도드립니다. 아멘

8월 2주, 11일, 광복절예배, ㊌ - 말복, ㊍ - 광복절

광복절예배로 지킵니다. 하나님,

감사와 찬양, "여호와를 찬송하리니 이는 주께서 내게 은덕을 베푸심이로다."라고 고백하게 하시는 주일입니다. 오늘, 광복절주일을 주셨음에 감사드립니다. 여호와께 기쁨이 되었던 ○○의 지체가 이 시간을 기다려 여기에 모였습니다. 하나님 앞에서 겸손하게 지내던 저희들이 하나님의 이름 앞에서 겸손히 머리를 조아리니 영광이 되게 하시옵소서.

회개와 용서, 생각과 마음으로는 이웃을 사랑한다 하며 지내왔던 저희들입니다. 입으로는 주님을 사랑한다고 고백하고, 주님이 우선이라 하지만 행실로는 그러하지 못하였습니다. 주님의 사람과는 정반대로 살아서 내가 행복하기 위해서 남을 불행하게도 했음을 부인할 수 없습니다. 죄를 씻어주시는 주님의 피로 용서해 주시옵소서.

예배의 기도, 여호와의 권능의 궁창에서 대사를 행하신 손길에 찬양을 드립니다. 주 예수님의 이름에 힘입어 하나님 아버지께 감사드립니다. 감사로 예배하는 여기에 은혜의 빛이 충만하게 하시옵소서. 아기 예수님의 나심을 축하하고, 약속하신 말씀에 따라 다시 오실 재림의 주님을 기다리는 예배가 되게 하시옵소서.

오늘의간구, 사랑하는 ○○의 지체들, 오늘 예배하면서 하나님의 은혜로 말미암아 주님의 의를 덧입혀 주셨음에 감격하게 하시옵소서. 우리가 주 안에서 죄 사함을 통하여 한 몸이 되었으니, 그리스도와 연합하여 그의 모든 부요와 은사들을 공유하기를 소망하기를 원합니다. 우리가 서로를 섬기면서 지내게 하시옵소서.

나라와사회, 광복절을 맞이하게 하시니 감사합니다. 이 땅에서는 일제의 36년 동안 오직 나라의 독립과 겨레의 앞날을 위하여 기도하며 희생하는 자리를 지켜오던 교회가 있었음을 기억합니다. 광복절에, 나라를 위한 교회의 사명을 깨닫는 저희들로 삼아주시옵소서. 하나님께서 살아가라고 주신 이 나라, 대한민국을 위하여 교회가 무엇을 해야 하는지를 알게 하시옵소서. 하나님의 뜻을 이루게 하시옵소서.

지교회공동체, 조국이 독립한 것을 기념하여 예배하는 ○○교회에 여호와의 영광이 가득하기를 소망합니다. 일본의 침략으로 고난 당하던 이 민족을 구해 주심으로써, 하나님께서 이 나라에 대한 자신의 사랑을 나타내셨음을 만족해합니다. 일제의 식민지로부터 벗어났던 것을 기억하면서 축제의 예배를 드리도록 은혜를 내려주시옵소서.

예배의순서, 말씀을 전하시는 목사님께 강건함의 은혜를 내려 주시옵소서. 그의 입술에 말씀의 권세와 능력을 허락하시옵소서. 하늘 양식으로 저희들의 심령을 배부르게 해주심을 기대합니다.
선포되는 하나님의 말씀이 생명의 양식이 되어, 교회는 은혜와 진리로 충만케 하여 주시옵소서. 강단에서 흘러넘치는 말씀이 생명의 꼴이기를 빕니다.
성가대원들의 찬양으로 여호와의 이름에 합당한 영광을 올려 드리게 하시옵소서.
예배를 위하여 수고하게 된 종들에게 의와 거룩함과 착함과 경건이 바쳐지게 하시옵소서.

역경의시련, 우리 지체 중에, 심령이 상한 이들을 고쳐 주시옵소서. 그들의 생명을 위험한 지경에서 건지시는 하나님의 은혜를 소망합니다. 고난을 겪고 있는 성도에게 찾아가 위로하여 주시옵소서. 그들이 지금, 이 시간에 교회를 얼마나 그리워하겠습니까? 어서 속히 저희들과 한 자리에 앉아 주님의 이름을 찬송하게 하시옵소서.

예수님의 이름으로 기도드립니다. 아멘

8월 3주, 18일, 목 - 처서

잠잠히 여호와를 기다립니다, 하나님.

감사와 찬양, 주일을 누리게 하신 그 한이 없으신 사랑에 감사를 드립니다. 허물과 죄로 죽었던 저희를 예수님의 십자가의 공로로 살려 주심에 감사드립니다. 이 시간에, 함께 모인 모든 성도들이 전심으로 주를 찬송하고, 영원토록 주님의 이름에 영광을 바치게 하시옵소서.

회개와 용서, 천국 백성으로 살아가야 할 저희들이 세상의 백성으로 살아온 것에 대하여 회개합니다. 세상을 거절하고, 주님을 따르겠다고 나선 저희들이 거절했어야 될 세상을 다시 움켜쥐려 하고 있습니다. 용서해 주시옵소서. 잠시도 쉬지 않고, 죄인들의 구원을 기뻐하시는 하나님 앞에서 전도를 외면하고 지냈던 죄를 고백합니다. 의의 열매를 맺어야 하는 저희들의 죄를 용서해 주시옵소서.

예배의 기도, 이 시간에, ○○의 지체가 머리를 숙였으니, 받으셔야 될 영광을 드리게 하시옵소서. 저희들의 예배를 기뻐 받아주시기 원합니다. 드려지는 찬양을 통하여 저희들의 마음을 밝게 해주시옵소서. 찬양 가운데 인간의 연약함에서 벗어나고,

하늘의 용기로 살아가는 다짐이 있게 하시옵소서.

오늘의간구, 저희들이 무엇을 하여 주님의 영광을 나타낼 수 있는지 알려 주시옵소서. 하나님의 뜻을 이루어 드리는 손과 발이 되게 하시옵소서. 성경의 사람들이 믿음으로 살았던 것처럼 저도 그 길을 있게 하시옵소서. 세상을 위하여 일을 하신 하나님의 손길을 찬양하는 복된 예배로 인도해 주시옵소서.

나라와사회, 주님의 또 다른 모습으로 ○○교회가 여기에 있어, 세상을 섬기도록 하셨음에 감사드립니다. 주님의 교회가 나라를 사랑하는 공동체가 되게 하시옵소서. 저희들이 살아가는 지역사회에서 '한 지역'이 되어서 교회 주변에 있는 가난하고, 병든 이들을 섬기게 하시옵소서. 삼위일체 하나님의 긍휼을 전하는 손길이 되어 위로하게 하시옵소서. 사회봉사에 더욱 자원하게 하시옵소서. 교회에서 관리하는 사회봉사 사역에도 더욱 헌신하게 하시기를 원합니다.

지교회공동체, 저희들의 심령을 성령님으로 채워주시옵소서. 그리하여 죄를 거절하고, 온갖 탐욕을 물리치며, 사탄을 대적하게 하시옵소서. 하나님을 바라고 섬길 수 있은 귀한 믿음을 허락하시고, 십자가 신앙으로 강하게 무장함으로써 마귀의 궤계를 능히 물리칠 수 있도록 하여 주시옵소서. 이 시대를 정복하는 십자가의 군병으로 삼아 주시옵소서.

예배의순서, 담임 목사님께 기름을 부으셔서 ○○의 권속에게 하나님의 말씀을 전하게 하시옵소서. 오늘의 말씀이 저희들의 심령을 새롭게 하여 옛 사람을 버리고 하나님이 사람으로 사는 결단이 되게 하시옵소서.

○○성가대원들이 예배하는 회중을 대표해서 하나님의 영광을 찬양하게 하시옵소서. 귀한 지체들이 몸을 드려 준비한 찬양이 이 자리를 하나님의 영광으로 가득하게 하시옵소서.

거룩한 예배로 오직 하나님께 영광이 되고, 마귀가 틈을 타지 않게 하시옵소서.

전도와구원, ○○의 지체에게 갈보리의 은혜를 새롭게 하여 주시옵소서. 갈보리에서 주님의 죽으심은 죄인을 위한 대속의 죽음이셨음에 감사합니다. 하나님께 원수 되었던 죄인인 나를 하나님과 화목하게 하셨음에 감사합니다. 갈보리에서의 나의 구원이 이루어졌음을 확신합니다. 이 확신으로 복음을 전하는 저희들이 되게 하시옵소서.

예수님의 이름으로 기도드립니다. 아멘

8월 4주, 25일

하늘 보좌를 우러러 봅니다, 하나님.

감사와 찬양, 부르심을 받은 주님의 백성들이 하나님 앞으로 나아오게 하심을 감사드립니다. 거룩한 자리로 올라오는 길에, 하늘은 그 어느 날보다 파랬습니다. 아직까지는 더위가 있어 무덥지만 하늘은 깨끗했습니다. 하늘 아래의 모든 것들이 주님의 날에 머리를 숙이고 있습니다.

회개와 용서, 평강을 원하면서도 하나님이 아닌 다른 데서 평강을 찾았던 죄를 고백합니다. 교회를 통해서 배우고, 받고, 듣고, 본 바를 행하기만 하면 하나님의 평강이 저희들과 함께 한다는 것을 잊었습니다. 용서해 주시옵소서. 주님의 십자가를 바라보면서 하나님을 가까이 하고, 말씀에 순종하도록 이끌어 주시옵소서.

예배의 기도, 예배를 받으시는 하나님께 찬송을 바칩니다. 머리를 숙이고, 부복한 ○○의 지체들에게 믿음으로 드리는 예배로 이끌어 주시기 원합니다. 저희들의 기도와 찬송이 하늘의 하나님께 합당한 영광이 되게 하시옵소서. 산 제물로 저희들을 바치는 자세로 임하게 하시며, 예배가 진행되는 동안에, 주님의 평안을 내려주시옵소서.

오늘의간구, 예배하는 ○○의 권속들에게 다시 한 번 자신을 거절하고, 하나님께로 나아가겠다고 결단하게 하시옵소서. 겸손히 하나님의 뜻을 따르기를 소원하게 하시옵소서. 이로써 하나님의 뜻만이 선하다는 것을 고백하는 저희들이 되기를 원합니다. 하나님의 뜻을 이루어드리는 저희들의 삶이 되게 하시옵소서.

나라와사회, 우리나라를 축복하면서 간구합니다. 대한민국의 이름이 세계에서 뛰어나도록 해주시옵소서. 이 나라를 하나님께서 주셨다고 믿고 있습니다. 저희들은 다 같이 나라를 사랑하고, 나라를 위하여 기도하며, 나라에 봉사하게 하시옵소서. 우리나라에는 나라를 사랑하는 것을 사명으로 살았던 신앙선배들이 있음에 머리를 숙입니다. 그들에게 본을 받아 나라를 위해 헌신하게 하시옵소서.

지교회공동체, 이제까지도 주님의 교회가 성장하는 것을 바라며 기도하는 공동체가 된 것에 감사합니다. ○○ 교회의 권속이 늘 성장을 위하여 부르짖게 하시니 우리 교회의 각 기관에서 성장을 경험하게 하시옵소서. 우리 교회가 주님의 몸 된 유기체로서, 어린 아이들의 지체에서 장년부에 이르는 각 기관의 성장을 보여주시옵소서.

예배의 순서, 오늘도 하나님의 말씀을 전해주시려고 목사님을 강단에 세워주셨음에 감사합니다. 목사님에게 준비해 주신 하나님의 말씀에 귀를 기울이고, 순종으로 응답하게 하시옵소서.
예배를 영화롭게 하는 성가대원들에게 찬양의 은혜를 내려주시옵소서. 회중도 함께 성가대가 되어 찬양을 드리기 원합니다. 땅에 있는 모든 것들이 그 찬양에 화답하여 주님께 찬양을 드리게 하시옵소서.
예배의 순서를 성령님께서 친히 주장해 주시며, 예배를 위하여 봉사하는 손길을 받으시옵소서. 오늘, 저희들이 주일을 성수하도록 여러 위치에서 수고하는 그들에게 은혜를 내려 주시옵소서.

연약한 지체, 여호와의 이름을 의지하는 지금, 병들어 신음하는 이들을 고쳐주시옵소서. 우리를 안타깝도록 하는 그들의 고통과 한숨을 주님의 십자가 앞에 다 내려놓습니다. 저들의 아픔과 상처를 맡아주시고, 저들의 기도를 다 들어 응답해 주시옵소서. "그가 네 모든 죄악을 사하시며 네 모든 병을 고치시는" 은혜로 치료하시옵소서.

예수님의 이름으로 기도드립니다. 아멘

9월 1주, 1일, 토 - 백로

성삼위일체께 찬송을 드립니다, 하나님.

감사와 찬양, 9월을 맞이했습니다. 첫째 주일에, 여기에 모인 ○○의 성도들에게 하나님께 영광을 드리게 하시옵소서. 성삼위 하나님께 드릴 영광의 시간이 되게 하시옵소서. 저희들이 한 마음을 묶어 예배하는 이 시간에, 참 평안과 즐거움을 갖게 하시옵소서. 주님께서 받으셔야 하는 영광을 받으시고, 저희들에게는 기쁨을 누리게 하시옵소서.

회개와 용서, ○○의 지체들에게, 비록 짧은 시간이지만 회개의 영을 부어주시옵소서. 배우고 확신한 일에 거하여 지냈어야 마땅한데, 그렇게 하지 못한 지난 시간들을 회개합니다. 성경을 읽고, 묵상함으로써 구원에 이르는 지혜를 구해야 하는데 게을렀음을 용서해 주시옵소서. 하나님의 말씀만이 저희를 죄로부터 떠나게 하심을 다시금 확신하게 하시옵소서.

예배의 기도, 여호와의 성호로 모이게 하셨으니, 신령과 진정으로 드리는 예배가 되기 원합니다. 오직 하나님께만 영광이 되는 예배의 순서 순서로 이어지기 원합니다. 오늘, 저희를 위해서 준비된 하늘의 은혜를 내려 주시옵소서. 그 은혜로 하나님의 영광을 누리는 예배가 되게 하시옵소서.

오늘의간구, 하나님께서 맡겨주신 땅에서, 청지기적인 사명을 잃고 지냈던 삶을 고백합니다. 우리의 욕심으로 말미암아 생태계가 파괴되고, 오염되었음을 용서해 주시옵소서. 자연 환경을 보존하고, 가꾸는 일에 적극적이기 원합니다. 이 땅에서 사는 동안에, 자연을 소중히 생각하며 지내도록 하시옵소서.

나라와사회, 하나님께서 우리나라를 사랑해 주시니 감사합니다. 하나님께서 우리나라를 지켜 주셔서 보호해 주시니 감사합니다. 부정과 불의한 일들이 연일 뉴스 시간을 채우고 있음에도 무너지지 않음은 하나님의 보호하심이라고 깨닫습니다. 좋은 소식, 우리를 기분이 좋게 해주는 뉴스보다는 절망의 한숨을 내쉴 수밖에 없는 뉴스들로 저희들의 속이 타들어 가고 있습니다. 이 나라를 불쌍히 여겨 주시옵소서.

지교회공동체, 지금, 교회를 부흥시키는 영이 저희들에게 충만하게 하시옵소서. 온 교우들이 한 몸이 되어 교회부흥을 위해 기도하기를 빕니다. 성령님께서 ○○의 지체들의 생각과 입술을 주장해 주셔서 기도하게 하시옵소서. 주님의 교회가 그리스도의 장성한 분량에 이르는 부흥으로 인도해 주시옵소서.

예배의순서, 저희들에게 교훈과 견책의 말씀을 주시옵소서. 설교를 위하여 단 위에 세우신 목사님께는 영육간의 강건함을 주시옵소서.

그래서 말씀을 전하실 때 능력 있는 말씀 되게 하시며, 저희들은 의로 교육하기에 충분한 은혜를 받게 하시옵소서.

저희 교회를 영화롭게 하셔서 ○○성가대를 세워주셨습니다. 몸을 드려 준비한 찬양이 이 자리를 하나님의 영광으로 가득하게 하시옵소서. 그들에게 기름을 부어주시옵소서.

예배의 순서를 통해서 하나님께 영광을 지극히 나타내게 하시옵소서. 순서를 맡은 종들은 먼저 몸으로 예배하게 하시옵소서.

결단의 간구, 저희들에게 성경을 가까이 하겠다는 다짐을 주시옵소서. 성령님의 감화와 감동으로 하나님의 말씀이 송이 꿀보다 단 것을 고백하게 하시옵소서. 그 말씀으로 하나님을 사랑하게 하시옵소서. 그리하여 하나님의 계명들을 지키기 위하여 최선의 노력을 기울이게 하시옵소서. 말씀에 응답하는 삶이기를 결단하게 하시옵소서.

예수님의 이름으로 기도드립니다. 아멘

9월 2주, 8일

자녀로 삼아주시니 경배합니다, 하나님.

감사와 찬양, "예루살렘아 여호와를 찬송할지어다." 라고 하셨습니다. "시온아 네 하나님을 찬양할지어다." 라고 하셨습니다. 하나님께 찬송을 드리기 위하여 모인 ○○의 지체를 받아주시옵소서. 시간과 날을 주셔서 우리가 생명의 삶을 살고 있음에 감사드립니다. 오늘, 종일 동안 하나님의 이름에 찬송을 드려도 못다 부르는 찬양이 되게 하시옵소서.

회개와 용서, 하나님 앞에서 존귀한 자녀들이 잘 살아 보려고 했던 지난 주간이었습니다. 하나님께서 재물을 주신다면 부하게 살아 보려고도 하고, 때로는 살아남으려고 몸부림을 쳤습니다마는 남은 건 죄뿐이었음을 회개합니다. 주님의 보혈로 용서해 주시옵소서.

예배의 기도, 하나님의 존귀하신 이름을 높여드립니다. 이 시간에, 여호와는 모든 나라보다 높으시며, 주님의 영광은 하늘보다 높으십니다. 저희들을 불러 주셨으니 오직 주님을 기쁘시게 해드리는 예배의 모임이 되게 하시옵소서. 주님께는 감사하고 저희들에게는 서로가 즐거움으로 기쁘게 하시옵소서. 상한 심령으로 드리는 예배를 통해서 하나님의 은혜로 영육 간에 회복의 기쁨을 누리기를 원합니다.

오늘의간구, 지구상에서 분단국가로 유일한 이 땅을 불쌍히 여겨 주시옵소서. 남과 북의 분단으로 오고 가지 못하는 가족을 그리워하다 눈물이 말라버린 이웃들이 있습니다. 우리 조국의 강산이 통일이 되어 서로 얼싸안고 예배하는 그날을 보게 해주시옵소서. 저희들에게 예수님의 십자가로 말미암아 죄의 문제가 해결되었음을 확인하게 해주시고, 하늘나라의 백성으로 살아가려는 다짐을 새롭게 하게 하시옵소서.

나라와사회, 우리나라를 사랑해 주시고, 이 땅의 백성을 지켜 주시옵소서. 하나님의 자녀가 된 저희들에게 먼저 기도하는 애국의 마음을 갖게 하시옵소서. 아담을 에덴에서 살게 하셨듯이 저희들에게는 이 땅에서 살게 하셨음을 믿습니다. 이 나라와 백성들이 하나님을 즐거워하고, 여호와의 인도하심을 소망하게 하도록 하시옵소서. 우상을 숭배하는 일을 버리고 하나님께로 돌아오게 하시옵소서.

지교회공동체, 사랑하는 저희들에게 구원의 주님께 충성을 바치게 하시옵소서. 주님께서 다시 오시는 그날까지 예수님의 이름만 의지하는 저희들이 되게 하시옵소서. 하나님 한 분 만을 희망과 위로로 삼아 말씀대로 살아가는 믿음을 허락하시고, 주님의 영광을 드러내는 살아있는 믿음을 갖게 하시옵소서.

예배의순서, ○○의 권속에게 말씀의 문으로 인도해 주시옵소서. 강단에서 생명과 진리로 이끄실 목사님께 성령님과 지혜에 충만케 하셔서 하나님의 말씀으로 흥왕함을 보게 하시옵소서.

○○성가대원들을 준비시키셨음에 감사드립니다. 하나님 앞에서 찬송을 맡은 이들이 벅찬 감격으로 찬양을 부르게 하시옵소서.

오늘도 하나님께서 받으실 만한 예배가 되기 위해서 예배위원들로 하여금 봉사하도록 하셨으니 감사드립니다. 여러 모양으로 예배를 위하고, 하나님의 영광을 구하며 섬기는 종들에게 복을 내려 주시옵소서.

역경의 시련, ○○의 백성에게 하나님의 소생케 해주시는 은혜를 보게 하시옵소서. 무능했던 자가 능력의 사람이 되고, 무한한 가능성을 펼치며, 위대한 인생을 살게 하시옵소서. 인생을 도우시고 저희들에게 복을 내려주시옵소서. 모든 것을 덮는 복을 주시고 먹구름 중에 찬송하면 태양이 비칠 것을 믿습니다. 하나님만 바라게 하시옵소서.

예수님의 이름으로 기도드립니다. 아멘

9월 3주, 15일, (화) - 추석

온 몸과 마음을 드립니다, 하나님.

감사와 찬양, "너희는 여호와를 만날 만한 때에 찾으라 가까이 계실 때에 그를 부르라." 아멘(사 55:6) 이 시간에, 하늘에 계신 하나님께 찬양을 드리면서 예배합니다. 우리 하나님이여, 영광을 받으시옵소서. 오늘, 예배할 때, 간절한 기대와 소망을 드리면서 예배하기를 기뻐하는 마음으로 충만하기를 원합니다. ○○의 지체들이 하나님께 사랑과 영광을 드리는 한 시간의 예배로 인도해 주시옵소서.

회개와 용서, 주님 앞에서 겸손하게 사랑의 응답을 바치도록 해 주시옵소서. 매일의 삶의 현장에서 하나님을 모시지 않았던 교만함을 용서해 주시옵소서. 하나님을 생각하면 도리어 불편했던 저희들이었습니다. 죄의 습관을 버리지 못하고, 그 익숙함에 또 다시 죄를 지음을 용서해 주시옵소서.

예배의 기도, ○○의 권속에게 예배의 시간을 정해주시고, 모이게 하셨으니 "우리가 그의 계신 곳으로 들어가서 그의 발등상 앞에서 엎드려" 찬양을 드리게 하시옵소서. 예배할 때, 무엇보다도 저희들의 모습 그대로가 예물로 드려지는 예배이기를 원합니다. 하나님께 영광을 바치는 예배에서 저희를 받으시고, 주님의 지체들로 삼아 주시옵소서. 구원의 새 생명을 주신 여호와를 찬양함이 복 되게 하시옵소서. 마음을 다하고, 뜻을 다하는 시간으로 삼아 주시옵소서.

오늘의간구, ○○의 귀한 권속을 성도로 세상에 내어보내질 수 있도록 만들어 주시기 원합니다. 주님의 영광을 드러내며, 천국의 일꾼답게 살아가도록 새롭게 하시옵소서. 저희들 모두에게 상한 심령을 드리게 하시옵소서. 죄와 허물로 얼룩졌던 삶을 그대로 내어놓고 통회하게 하시옵소서. 죄의 무거운 짐을 내려놓을 때, 십자가에서 흘려주신 그리스도의 보혈로 정결케 해 주시옵소서. 마음을 다하여 대속의 십자가를 지신 주님의 사랑을 찬양하게 하소서.

나라와사회, 나의 조국, 대한민국에 하나님의 뜻이 이루어지기를 소망하면서도 기도에 부족했음을 고백합니다. 나라의 지도자들을 위하여 기도로 돕지 못했음을 용서해 주시옵소서. 나라의 지도자들을 위한 영적 책임으로 기도하겠습니다. 권세는 하나님께로 나지 않음이 없음을 기억하게 하시옵소서.

지교회공동체, ○○교회를 하나님을 섬기고, 사람을 섬기는 아름다운 공동체로 인도해 주시옵소서. 섬김을 통해서 이웃을 사랑하게 하시옵소서. ○○의 지체들 각 사람이 주님의 삶을 본받고 따르는 교회가 되어 세상을 정화시키는 소금의 역할을 감당하게 하시옵소서.

예배의순서, 저희들에게 하나님의 말씀을 들을 귀를 열어 주시옵소서. 말씀을 전해주실 목사님께 성령 충만하게 하셔서, 말씀을 대언하실 때 사탄의 권세 일절 틈 못 타게 하시옵소서.
성가대원들이 하나님 앞에 찬양을 드립니다. 찬송의 영광을 받아 주시며, 부르는 이들과 함께 하는 이들이 은혜를 누리는 찬양이게 하시옵소서.
오늘도 예배의 진행이 원만하도록 여러 모습으로 봉사하고 섬기는 이들을 세워주셨습니다. 그들의 수고로 모두가 하나님께의 영광에만 집중하여 예배하니 감사합니다.

전도와구원, 저희들에게 하늘 복음을 전해야 한다는 사명을 깨닫게 해 주시옵소서. 죄인을 찾아 구원에 이르게 하려고 어떤 일이든지 감당하여 모두가 섬기는 지체들이 되게 하시옵소서. 저희 각 사람들에게 주신 은사를 활용해서 구원을 받도록 함에 헌신하게 하시옵소서. 이 땅에서의 시간은 오직 전도자의 가슴으로 지내게 하시옵소서.

예수님의 이름으로 기도드립니다. 아멘.

9월 4주, 22일, 추분

기쁘게 소리 높여 찬송합니다, 하나님.

감사와찬양, "하나님도 한 분이시니 곧 만유의 아버지시라 만유 위에 계시고 만유를 통일하시고 만유 가운데 계시도다."라는 고백으로 나아옵니다. 참 삶의 맛을 주시고자 부르신 주님께 경배를 드리게 하시옵소서. 주님께서 마련해주신 예배의 자리에서 기쁨의 공동체를 이루게 하시옵소서. 여기에서 주님의 자녀 된 신앙 공동체를 체험하게 하시옵소서.

회개와용서, 상한 심령을 드리게 하시옵소서. 죄와 허물로 얼룩졌던 삶을 그대로 내어놓고 통회하게 하시옵소서. 죄의 무거운 짐을 풀어 놓을 대, 십자가에서 흘려주신 그리스도의 보혈로 정결케 해 주시옵소서. 마음을 다하여 대속의 십자가를 지신 주님의 사랑을 찬양하게 하소서.

예배의기도, 주님의 피로 세우신 교회에 모인 이들이 예배로 즐거워하기를 소망합니다. 주님의 이름을 높이며, 자녀로서 아버지가 누리셔야 하는 영광을 바치기를 원합니다. 예배하는 한 시간에, 마음으로 무릎을 꿇게 하시고, 하나님께서는 하늘의 영광을 취하시옵소서.

오늘의 간구, 예배하러 나온 사랑하는 권속들, 오직 하나님을 영화롭게 해드리려는 마음을 소원을 갖게 하시옵소서. 오늘, 예배하는 중에, 하늘의 문이 열려지고, 급하고 강한 바람 같은 은혜가 임하기를 사모합니다. ○○ 교회와 이 거룩한 공동체에 속한 지체들이 호산나로 오신 주님의 복을 누리게 하시옵소서. 구원하시는 주님의 사랑을 받아 형통한 날들을 보내게 하시옵소서. 주님께서 베푸시는 은혜로 승리의 삶을 살아가도록 다짐하게 하시옵소서.

나라와 사회, 저희들의 조국 대한민국, 이 나라를 사랑하시는 하나님의 자비하심에 감사합니다. 시시각각으로 저희들에게 보여 지는 나라의 상황은 때로는 위급함을 느끼는 경우들이 많았으나 하나님께서 지켜 주시는 것을 느낍니다. 이 민족을 불쌍히 여기셔서 대한의 백성이라면 나라사랑에의 의지를 불태우게 하신 하나님을 생각합니다. 오늘, 저희들에게도 예배하는 시간에, 나라를 사랑하는 마음으로 뜨거워지게 하시옵소서. 하나님께서 불꽃같은 눈으로 보호하시는 이 나라를 사랑합니다. 느헤미야처럼 조국의 상황에 예민하게 하시고, 가슴으로 안게 하시옵소서.

지교회공동체, 오늘도 우리 ○○ 교회가 성령님으로 충만케 되기를 빕니다. 그리고 교회성장을 소원하는 ○○의 권속들이 성령님으로 세워지게 하시옵소서. 성령님의 역사로 교회성장의 증거가 되게 하시옵소서. 주님의 피 값을 주고 사신 이 교회에 예수님의 피 흘리심에 대한 나눔을 누리게 하시옵소서. 건물만 그럴 듯 하고, 십자가를 상실한 교회가 되지 말게 하시옵소서. 교회의 구석구석마다에 피 묻은 십자가의 정신과 복음이 깊게, 깊게 스며들도록 인도해 주시옵소서.

예배의순서, 지금, 생명이 되는 진리의 말씀을 그리워합니다. 목사님께서 강단에서 선포하실 때, 하나님께서 저희에게로 오셔서, 들려주시는 음성으로 받도록 이끌어 주시옵소서. 그 말씀을 받아 그대로 따르는 삶을 살아드리려 다짐하게 하시옵소서. 주님의 성령으로 성가대원들을 이끄셔서, 마음을 다하여 찬양을 드리게 하시옵소서. 그들의 찬양을 받아주시고, 그들을 따라서, 저희들 모두 주님의 이름을 찬양하게 하시옵소서. 오늘도 자원하는 심정을 가지고, 몸을 산 제사로 드리는 심정으로 봉사하는 일꾼들이 있습니다. 맡은 자리에서 예배의 진행을 돕는 손길들에게 은혜를 더해주시옵소서.

연약한지체, 사랑하는 교우들 중에, 육체의 약함으로 신음 중인 이들에게 치유의 은혜를 내려 주시옵소서. 긍휼을 베풀어 주시옵소서. 이 시간에, "너의 상처로부터 새 살이 돋아나게 하여 너를 고쳐 주리라"는 말씀의 은혜를 기다립니다. 저들의 상한 감정을 어루만져 주시고 위로하여 주셔서, 참된 평안으로 인도해 주시옵소서.

예수님의 이름으로 기도드립니다. 아멘

23-24년은 주일이 53회로 9월 5주분은 지면이 모자라 수록하지 못하였습니다.